GLOBAL ETHICS

全球伦理

【英】金伯莉·哈钦斯 著

杨彩霞 译

中国青年出版社

鸣　谢

　　《全球伦理》得以出版，我要对以下诸位表示感谢。感谢鼓励我撰写本书的戴维·赫尔德；感谢政治出版社两位不知名的读者，他们对我最初的写作计划及正文提出了宝贵的反馈意见。特别要感谢乔·胡佛和亨利·赖迪斯，他们挤出宝贵的时间通读全文书稿，并提出修改建议。最重要的是，我要感谢爱丁堡伍尔弗汉普顿大学和伦敦经济学院的众多学生，他们对本话题进行了各种反馈。我曾经在伍尔弗汉普顿大学教授全球与国际伦理学课程，最近在伦敦经济学院教书。如果没有这些授课和教学的经历，就不可能有这本书的面世。需要特别说明的一点是，书中所有的瑕疵和纰漏都应归咎于我本人。

金伯莉·哈钦斯
2009年7月

缩略词表

ANC　非洲国会

FGM　女性割礼

ICTY　南斯拉夫国际刑事法庭

IGO　国际政府组织

INGO　国际非政府组织

GDP　国民生产总值

MDG　千年发展目标

MNC　多国公司

NATO　北大西洋公约组织

TRC　真相与调停委员会

UN　联合国

UDHR　人权普遍宣言

UNSCR　联合国安理会决议

WTO　世贸组织

目 | 录 CONTENTS

第一章

全球伦理概论

在英语国家,谈论公众事件和个人行为时,对"全球"和"伦理"这两个词语,许多人都并不陌生;讨论环境问题或世界经济问题时,对"全球变暖"或"全球化"这类词语,大家都耳熟能详;评论个人生活或职业生涯行为时,对"符合伦理"和"不合伦理"这样的词语,大家也都耳熟能详。但是,本书书名中出现的"全球伦理"是个什么样的概念呢? **全球伦理是一个理论探索领域,探讨的是由于世界人口的全球性相互关联、相互依赖所引发的伦理困惑和难题。**

在应用伦理的宽泛框架之下,出现了许多理论探索领域。应用伦理对于其所应用领域的本质和现实通常都有着极为清晰的界定,譬如说,职业伦理、环境伦理、医学伦理所关涉的领域就有着十分明晰的界限。与之相比,全球伦理框架之下的"全球"这一词语却颇为引发争议。事实上,不仅对"全球"一词的含义存在争议,而且对于该词是否所指实际上已经发生或正在发生的事物,即全球化这一现象,学者们亦持不同的观点。这就意味着,研究全球伦理的理论家不仅对伦理理论持有不同观点,而且对于"全球"一词所附带的意义——假如有的话——也看法不一。本章的撰写目的,主要是概略地勾勒出全球伦理作为一块理论探索领域的大致范畴,并对其中最具典型性的分歧观点进行概述。此后几章将就本章触及的观点进行更为深入详尽的探讨。

本章第一部分讨论全球伦理涉及的主要术语,从五个方面进行考察:①考察对"全球"含义产生的各种争论。②考察"伦理"一词,对作为哲学探索方式的"伦理"与作为一套套实质性原则和价值观的"伦理"之间的差异加以区分,并探讨"伦理"与"道德"、"伦理"与"政治"之间的关系和区别。③考察对全球伦理的各种理解以及在这一框架之内对全球伦理提出的各种质疑及问题的范围。在此基础之上,对全球伦理这一领域及其主要关注点进行大致适用的界定。④考察世界宗教为全球伦理所提出的问题而设想出来的解决方案。(不过,在这一点上,作者最后的结论是,针对所谓的全球伦理主题所提出的那些质疑和问题,在宗教基础之上无法得到解决。)⑤提出一些阅读建议。在本章的结尾部分,提供了一些指导读者如何进一步阅读的辅佐材料。

–术语界定–

全球

"全球"一词通常用来指那些有关世界整体性的事物。如果某种事物具有全球性原因或影响,那么可以说,要么其原因,要么其影响,具有世界范围。"全球"可以用来指地球上的陆地"世界"(全球大气层即为如此),也可以指人类"世界"及人类组织起来的陆地家园、村庄、城镇、国家、州市和地区(全球经济里就有诸多此类词语)。"全球"用来指涉地球时,其适用性在自然学家中就有争议。然而,该词并非仅仅指涉有形的物质球体,还可以用来指人,指人们构建出来的、与那个物质世界相互关联的场景。这种情况下,"全球"一词在社会学家和哲学家中间也会引发争议。在前者的层面上,人们总是生活在全球世界上。在后者的层面上,对于这一场景是全球性或已经是全球性或将会是全球性(如果是的话)的程度及方式,在这些理论家之间已经进行了连续不断的争论。

这样一来,"全球"一词用来指涉第二个层面时,所指又是什么呢?我认为,在这里,可以区分出两个截然相异而又密切相关的意义维度。一方面,"全球"指的是世界范围内的共性;另一方面,它指的是全球范围内的相互关联性。在第一层意义上,如果有人说我们生活在全球(或全球化)的世界上,他是在说我们生活在所有人都共享的一个共同场景之中。过去,我们与他人的共性范围也只不过是我们归属的部落、居住的城市和州区这些共同生活之处而已。而如今,在我们生活的这个世界里,意义重大的共性超越了集体性身份、语言、文化、法律、政治的界限。在有些话语中,"我们"可以用来指涉全人类,比如,"我们是世界市场的参与者"、"我们都受制于国际法"、"我们所有人都拥有基本人权"。这些例子都可以很好地说明这种超越人民和民族的世界范围共性。

"全球"第二个维度的含义与全球同性或共性这一观点有所关联,但也极为不同。这一层面的"全球"指的是在全球范围内人们之间的相互联系。这句话的意思是,人类在全球性场景中活动,因为人们在全球层面上相互关联。因此,全球这一端(具有个体或集体身份的)人们的活动正以一种空前的规模影响到全球另一端人们的活动,并将会受到后者活动的影响。换言之,如今人类在全球范围内相互依赖,相互关联。比如说,我购买一件衬衫的消费活动,要取决于生产这件衬衫的廉价劳动力,而后者一方面取决于为衬衫厂提供资产抵押的国际银行,另一方面取决于劳动力价格低廉的外国童工。所有这些参与者的活动又要取决于我这位英国消费者的行为。可见,从经济、社会、文化和政治方面来看,我们都根植于并深刻依赖于与世界各地互不相识的人之间的关系。

这样一来,全球世界就与另一个世界构成鲜明对照。在后面这一世界里,人们之间的经济、社会、文化和政治关系都局限在毫无关联的地方社会之中。在全球世界里,地方事件受到全球进程的影响（比如说,2008年的全球金融危机即为典型的例子）。但是,并非仅仅是全球在影响地方。在全球世界里,地方和全球的界线越发难以区分。在全球世界里,在日常生活的层面,从饮食习惯到宗教信仰,奇异陌生现象和互不相识者离我们已不再遥远,这些奇人怪事就出现在我们身边。本来发生在地方的社会、经济、政治活动,却产生了有意无意的全球性影响。这种现象进而衍生了"全球地方化"这一标签,用以描述全球化所产生的影响。这种影响既改变了地方人,又为地方人所改变。

由此,从常识层面上看,说我们生活在全球化时代,其实是在说,地球上的人类在许多重要的方面都共处于一个同样的场景,人们之间相互依赖,密切关联。然而,在社会科学领域内,这个说法的含义和地位却一直都是连续不断的分析和辩论的主要话题。学者们考察了人类不同活动领域全球化的本质和程度,他们对我们这个时代是否为全球化时代持有诸多不同的看法。进一步而言,如果我们这个时代是全球化时代的话,那么这种现象是否是近期才出现的事物呢(赫尔德和麦格鲁,2003;罗伯逊和怀特,2003;威阿达,2007)? 有学者认为,受科技和经济驱动的全球化进程已经削弱了地区之间的距离、文化之间的差异以及国家之间政治界限的重要性。基于这种观点,国家已经丧失了它在世界政治中作为重要角色的显著地位,丧失了它在国家"内部"的个体与国际"外来"者之间作为重要调节者的显著地位。相反,多国公司、全球性统治政体以及各种全球性国家(非国家)非政府组织则变得越发重要起来(赫尔德,2004;马修斯,2004;奥梅,2004)。相比而言,有学者则对这一观点持怀疑态度,他们认为国家依旧是经济、政治、社会组织的重要形式,而且强国仍在继续制订国际政治的日程表(赫斯特和汤普森,1996)。但是,许多学者的看法却更为微妙,他们认为,对不同地区、不同民族、不同阶层的人们而言,全球化都在不同领域(即经济、政治、技术、文化、通信等领域)或多或少地在向前发展。而且,全球化究竟是在削弱还是加强国家权力,则要取决于所探讨国家和地区的具体情况(罗斯克兰斯和斯坦,2006)。

思考题

请把你一天之中所做的事情记录下来,看看其中有无表明你的日常生活也有全球化的情形。如果有的话,那么你的生活在什么意义上受到了全球化的影响? 思索一下你日常的穿着、享用的饮食、聆听的音乐、旅行的方式、交流沟通的对象以及沟通方式,跟世界其他地方的人相比,你觉得自己生活的全球化程度是高还是低呢?

伦理

对全球化的本质及程度,学者们可能持有不同看法,但对下面这一观点,他们却毫无异议。这一点就是:人类世界全球化的程度必定会对人类身份和人类关系产生深远的意义。正是在这一点上出现了**伦理**问题,并且产生了"全球的"和"伦理"之间的联系。在日常语言中,符合伦理的这一词语有时候被用作"道德之善"的对等词,其中所蕴含的意思是,具有伦理之人是那些在道德方面行事正确之人。事实上,就其本意而言,伦理指的是在特定语境之中确定是非观念的行为准则或价值观。因此,具有伦理之人就是依据这样的准则或价值观来行动的。我们讨论"职业伦理"或"医学伦理"时,探讨的是从业者为了实现其职业目的和目标所应遵循的适当指导性方针。譬如说,医生正在治疗的患者一直处于植物人状态,患者的遗嘱与其亲人们提出的要求相互矛盾。这时,我们可能会向医生提出在这种情况下他应该怎么做才合适的伦理问题。然而,伦理的日常意义当然要超越那些统辖特定职业角色行为的价值观和原则,它应该适用于人类活动的方方面面。这样一来,人们就可以从家长、爱人、朋友等的视角出发,思考究竟什么样的事情称得上伦理上正确之事,或对此表示不置可否。

在道德哲学范畴内，伦理包含有两个层面的意义。首先，伦理用来反映通常的意义时，指的是行为对错的实质性伦理信仰、价值观和原则（英语用的是小写的"ethics"）。其次，伦理指的是对伦理原则和价值观的依据及本质所进行的系统性哲学研究（英语用的是大写的"Ethics"）。在后者意义上，哲学伦理可以分为三个相异却又相关的领域：元伦理①、规范伦理和应用伦理。元伦理关注的是最为抽象的根本性问题，比如道德真理的可能性或道德中介的含义。规范伦理总是要依赖元伦理的某些假定，它所关注的是对实质性道德理论进行诠释和捍卫，这些理论为如何决定普遍道德是非观念提供解决方案（参见下文第二、三章中讨论的伦理理论）。应用伦理关注的是把规范伦理应用到特定的问题和场景之中（参见本书第四至八章）。本书将对规范伦理和应用伦理予以特别关注，但是在讨论过程中，我们也会遇到元伦理问题，因为规范伦理和应用伦理都要依赖元伦理关于道德真理和道德中介的假定（关于哲学伦理的综合架构，参见克波，2006；辛格，1993；拉福莱特，2000）。

一般而言，伦理主要是回答下面这类问题：**为何**某种伦理观令人信服或具有说服力？譬如说，我应该凭借什么依据相信撒谎或偷窃在道德方面是错误的做法（参见第三、四章）？实质性伦理价值观包含**什么样**的内容，或者说它应该包含**什么样**的内容？譬如说，道德价值观应该以优先考虑把人类自由的福利最大化作为根本出发点吗（参见第三、四章）？

---

① 元伦理学（Meta-Ethics）是一门研究伦理学基础的哲学。——译者注

何人应该为过去或未来的行为承担道德责任？譬如说，世上的富人应为世界贫困承担多少责任（参见第四、五章）？在现实生活中，应该**如何**实现这种或那种的伦理原则或价值观？譬如，如果我们认为应该把战犯绳之以法的话，那么这应该由国际刑事法庭，还是应该由真相与调停委员会来执行呢（参见第七章）？

伦理与道德

伦理的通常含义显然与"道德"一词存在着诸多重叠之处，我们也用后者指关涉我们与他人关系时所做的正确与美善之事。从词源本身来看，伦理和道德有着相似的词根，英语中"Ethos"（社会精神特质）一词指的是某一社会生活方式的特征，"mores"（民德）①指的是根植于某些生活方式之中的通常价值观和标准。传统上讲，这类价值观和标准的问题与宗教信仰、文化观念、风俗习惯、某些角色的具体语境密切相关。但是，在第二、三章讨论不同理论观时，我们将会看到，在有些理论论述中，"伦理"和"道德"是相对立的概念。对于有些伦理理论家而言，**道德**等同于通常或者普遍层面上使人们能够明辨是非的价值观、规则和原则，而伦理则只关涉某些角色和语境之内的人类行为。

在伦理作为哲学探索一个分支的框架之内，已经对伦理与道德的区分进行过激烈的争论。对有些思想家而言，道德根植于伦理之中，它提供共同的信仰、价值观和原则，从而在

---

① 指的是群体或社会体现道德观的风俗和习惯。——译者注

不同的善的生活观念中加以运用（参见下文关于汉斯昆的讨论）。对有些思想家而言，道德只是提供一种纯粹的批评工具，用来对不同伦理价值进行评判（参见第二章关于哈贝马斯的讨论）。但是，对另外一些思想家而言，道德凌驾于某一语境之上的观念绝对不合逻辑。没有什么普遍道德观念超越或支撑着伦理，这就意味着道德问题总是根植于生活方式之中（参见第三章关于麦金太尔的讨论）。我们将会看到，是否存在一套对全人类都具有普遍权威的道德标准，这一问题对"全球伦理"这一标题之下的大部分讨论都极为关键。在诸多文献中，关于道德和伦理之间存在而且应该存在区别这一点，学者们的看法极为不同。既然如此，在本书中，除了讨论那些特别强调二者区别的理论家（主要指第二章涉及的那些理论家）的著述之外，这两个词语通常可以互换使用。

伦理与政治

伦理问题关涉行为的对与错，政治问题关涉用以调节人类行为的法律、程序和体制，这两者很难分离开来。而且，伦理观并非起源于真空，而总是在权力等级关系的政治语境内得以表述，并且其含义极有可能对不同人的利益产生不同的影响。因此，伦理总是这样或那样地与政治发生着联系。但是，有必要记住的一点是，研究全球伦理与从政治学或国际关系的视角考察全球化，这二者之间存在着差异。对研究政治学和国际关系的学者而言，关键的问题是描述、解释、调整全球化对国家内部和国家之间政治的影响。这些问题与伦理学提出的问题极为不同，后者的焦点并非在于描述或解释，而是在于**伦理判断**。研究全球伦理意味着考察、评估、捍卫那些在全球化世界上对道德是非做出的判断。我们不能假定伦理观的意义一定会很容易实现或者符合主流政治现实。进行伦理讨论时，需要从实际上驱动政治决定的观念那儿走开，主要关注指导人类相互作用的应该是什么样的价值观和原则。如果认为这些价值观和原则与政治相关联，那么就需要提供一个论断，说明为何是这种情况或为何应该是这种情况（关于各种问题的伦理推断和争论，参见麦金尼，1992；布恩尼和奥迪，2005）。

思考题

1.反思一下自己的道德观，你能把跟语境相关的道德观与普遍道德观区分开来吗？在这里，语境指的是某些特定角色或文化传统，普遍道德观指的是根植于人类的价值观。对你而言，把伦理和道德区分开来有意义吗？

2. 请思考在全球化语境之下拥有及急剧扩大核武器这类问题。你能把核武器**道德观**与当前管理各国核武器库的国际政策政治观区分开来吗？你的道德观与你的**政治观**之间存在什么关系？

–全球伦理的研究概述–

在本章开头，全球伦理被定义为：全球伦理是一个理论探索领域，探讨的是由于世界人口的全球性相互关联、相互依赖

所引发的伦理困惑和难题。因此,全球伦理对那些管理个体或集体这些全球性世界成员或参与者行为的标准进行考察,并加以评价。但是,有些研究这一方面内容的文献并不把自己的伦理理论称为全球的(global),而是使用诸如**国际的**(international)或**世界的**(cosmopolitan)这类词语对这一概念加以描述。在本书中,国际伦理和世界伦理都被视为全球伦理大框架之内的内容,原因如下。

国际伦理关注的是考察作为集体参与者的国家之间相互关系的道德,它比全球伦理的历史还要悠久,尤其是关涉到战争与和平的道德探讨(参见第六、七章)。理论家更倾向于探讨国家之间的伦理,因为他们并不认为全球化进程已经在理论或实践——或二者兼有——的层面打破了政治组织界线的伦理重要性。但是,在本书中,**全球**包含**国际**这一范畴,后者是全球化社会、政治和经济关系的一个维度。上述关系包括诸如国家这样的集体参与者之间的关系,也包括集体和个体之间的关系以及个体与个体之间的关系。全球伦理容易引起争论的一个问题是全球化对伦理身份及国家责任的影响。概因如此,关注国家间关系的理论家将被包含在全球伦理领域之内(参见第五章讨论的罗尔斯、内格尔、沃尔泽和密尔以及第六章讨论的沃尔泽)。

与**全球**相比,**世界**的含义并非来自与地球的联系以及人类在地球上生存的共性和独立性,而是来自与宇宙或天地的联系,即超越人类的实际社会状况和物质状态的物质秩序和精神秩序。早在人们认真思考全球化之前,道德宇宙主义或天地主义的思想就已出现。但是,正是因为宇宙伦理视角在传统

11

上关注的是所有人的道德意义，而不是其具体地位和身份，许多人认为，在全球化世界中，探讨伦理的路径应该是世界伦理。这就引出了从两个相互对立的路径之间的冲突来描绘伦理这一领域的特征。这两个对立的路径分别是**世界主义**和**社群主义**，前者是本质上把个体作为道德观基础的任何形式的道德普遍主义，后者本质上赞同任何形式的道德特殊性理论，其中道德被理解为与历史语境和文化语境相关（布朗，1992；道尔，2007）。在接下来的部分里，我尽量避免把这一分类作为主要的排序原则。当然，道德普遍性和道德特殊性之间的冲突对全球伦理的讨论非常重要（譬如，第三章中将谈到的美德伦理、女性主义伦理和后现代主义伦理对道德普遍性进行质疑的方式）。然而，道德普遍性和道德特殊性都呈现出许多不同的形式，而且不同类型的普遍性与不同类型的特殊性之间的争论也极为重要（参见第二章探讨的功利主义和道义论之间的争论）。此外，许多伦理理论结合或者声称自己结合了普遍性和特殊性的元素。在考察不同的伦理传统和理论时，我们需要思索这些传统和理论是普遍性的还是特殊性的方式，还要识别其间产生分歧的根本原因（布朗宁，2006）。

最早使用"全球"一词描述一个独特伦理探索领域的一位思想家就是神学家汉斯昆。在《全球责任：探索一种新的世界伦理》（1990）一书中，汉斯昆写道，"如果没有道德，没有可以普遍遵守的伦理标准，没有'全球标准'，那么国家就会陷于危机的麻烦之中。这种危机最终会使国家瓦解，即经济崩溃，社会分裂，政治突变"（汉斯昆，1990：25）。汉斯昆这一观点的基础在于，他认为全世界所面对的经济、政治和生态方面的挑战,只能由全球联合起来共同应对。要想做到这一点,全球需要一个共同的伦理方向。汉斯昆还认为,对于伦理责任普遍性和绝对性的承诺,只有在世界宗教之中才能见到。因此,他断言,建立全球伦理要通过世界各宗教传统之间的对话来实现,这种全球伦理将会统辖世界上所有的人和谐一致。借助于对话,可以识别并阐明对所有人都极为关键的共同价值观。沿着汉斯昆的思路,如今已经出现愈来愈多的研究文献,对宗教间的对话展开探讨,以推进全球伦理的发展(沙利文和凯姆里克,2007)。

对于研究全球伦理的其他理论家而言,世俗伦理理论也可以提供资源,用以研究全球化固有的伦理问题,譬如,彼得·辛格(《一个世界:全球化的伦理》,2004)和托马斯·伯格(《世界贫困与人权》,2008)就是这样的理论家。对于这两位思想家——正如对于汉斯昆——而言,我们已经拥有全球伦理作为一个伦理探索领域所需要的伦理视角,只是这些视角有待于应用到全球化的独特挑战之中。对于我们已经拥有了探讨全球伦理问题的资源,弗罗斯特则提出了一个不同的看法。在他看来,伦理视角被理解为对现有或即将出现的社会秩序和政治秩序的思索。这就意味着全球伦理本质上关涉到追溯并应用那些在国际社会(国家主权)和全球公民社会(人权)中所固有的规范标准(弗罗斯特,2009)。许多思想家对研究全球伦理理论根基的这些观点进行回应,他们认为,目前需要做的事情是在现有视角之间进行整合,这需要把辛格和伯格这些思想家的道德普遍性与弗罗斯特的语境论研究路径结合起来(参见道尔,2007;厄斯金，2008）。

相比而言，有的思想家认为，全球伦理需要更为激进的理论创新。安东尼·阿皮亚（《世界主义：陌生人世界的伦理》，2007）、费奥娜·罗滨逊（《把关怀全球化》，1999）以及比科·帕雷卡（《全球伦理原则》，2005）这些理论家认为，思考伦理和道德的现有主导文化传统和哲学传统并不足以应对正在全球化或已经全球化的世界所提出的伦理要求（亦见科克伦，1999；哈钦斯，1999。），他们力图为国际伦理和全球伦理铸造新的理论框架。

你了解并能影响的人是你对之担负责任的人。这样说正是确认了道德这一观念。那么挑战就是为长期以来生活在地方群体中所形成的思想和心灵赋予概念和体制，使我们能够形成全球部落而生活在一起（阿皮亚，2007）。

帕雷卡认为，全球伦理既不是应用于当代全球问题的早期伦理理论传统的延续，也不等同于对现有制度化的标准和价值观进行考察。他声称，有两种因素使得这两个关于全球伦理的描述都不足以应对全球化的挑战。首先，在拥有多元价值观的全球化世界里，所有人都同样处于全球化的后果之中，并不存在一致的规范性标准或实际的标准，因此无法证明强制性接受某些价值观要比接受其他价值观更有道理。其次，在全球化世界中，与道德相关的因素包括各种集体性、体制性的参与者（譬如，国家、非政府国际组织、政府国际组织、多国公司以及个体），这就把传统道德理论排除在外。传统道德理论把个体视为道德关注单位，因此并不足够认真地对待全球化状况下道德中介的集体性维度。尽管帕雷卡并不把宗教作为全球伦理的源泉，但他赞同汉斯昆的观点，认为对话是发展全球伦理的方式。不过，对汉斯昆而言，这样一种对话表明我们实际上都已赞同了道德真理的内在本质。对帕雷卡而言，这种对话则是一个混乱的、开放式的过程，充其量它只会产生不同参与者可能出于极为不同的而考虑赞同的妥协立场。

思考题：

你觉得全球伦理应该是发现或创造伦理共性吗？你认为现有宗教传统在或应该在这一过程中发挥多么大的重要性？

上述所有思想家都认为，要想彻底思考并解决由于全球化而产生或加剧的伦理问题，全球伦理就有它存在的必要性。然而，全球伦理理论家在研究全球伦理时，究竟在做些什么事情呢？全球伦理探索的又是什么样的问题呢？在本章的前面部分，我们谈到位居哲学伦理学核心的那些问题。这些问题包括涉及伦理观基础的为何问题、伦理观实质的什么问题、伦理中介和责任的何人问题以及由于伦理价值观和原则的规定性含义而引起的伦理问题的如何问题。研究全球伦理，就是在具体参照全球关注问题的情况下，对这类问题进行综合考察。本书要对全球伦理文献中对这些问题的不同回应进行考察和评估。

我们为何应该采取或抵制某些伦理价值观，从而在全球化关系和互动的语境中来指导我们的行为或其他个体及集体存在的行为呢？这类问题总是困扰着道德哲学家，因为他们一直关注要建立美和善观念所关涉的这种真理。跟有关事实的实用观、有关推理的逻辑观、有关品位的审美观不同，道德观关涉的是伦理价值观。但是，我们应该以何依据判断一种论述为正确的伦理价值观，而认为另一种论述不正确呢？在伦理框架内，存在着一套约定俗成的观点，对以各种方式确定伦理观依据的为何问题进行回应，这些方式从把道德原则和价值观的权威追溯到神性的神学观，到对自然法则、人性、理性、契约类型、对话和情感的各种论述不一而足（参见下文及第二、三章）。在全球伦理语境之内，鉴于我们力图构建真正适用所有人的伦理原则时所涉及的哲学传统的实际程度与深度的多元性，伦理判断和规定的依据为何这一问题，就显得极其难以解答。概因如此，全球伦理理论家往往特别关注"为何"问题，即实质性全球伦理价值观和原则之合法性的依据。

全球伦理的实质是什么？什么样的道德问题或道德观属于全球性的？全球伦理价值观和原则的具体内容又是什么？如果研究一下有关全球伦理的文献，一些实质性问题就会十分清晰地出现在我们面前。譬如说，道尔主要关注的是和平与战争、援助、贸易与发展、环境这些方面的内容。汉斯昆与道尔有着类似的学术兴趣，辛格探讨生态问题、人道主义干预和经济公平问题（道尔，2007；汉斯昆，1990；辛格，2004）。在《全球发展的伦理维度》（格里克，2007）一书中，问题拓展到后冲突时代过渡正义①问题及女性问题。如果我们对判断某个道德问题是否可视为全球道德问题的标准进行考察,那么有两个因素看起来特别重要。其一,问题的起源和影响是否超越了国界,这一观点通常是针对战争与和平、当代社会的环境问题和经济问题而提出的。其二,由于全球化进程而走到一起的伦理价值观之间存在明显而又深刻的不同观点,这里出现的问题就可视为全球问题,譬如,国际法律准则与地方价值观发生冲突,在某一地方语境之内不同文化价值观的冲突,这些都是全球问题。应该注意的是,如果我们认同解决跨文化价值观冲突是全球伦理关注的一部分内容,那么,就像国际援助道德一样,传统上一直被视为"个人道德"一部分的问题就是全球化处境的一个方面。所谓"个人道德",指的是有关生育、性爱和家庭生活的道德观。接下来,尽管不同理论对于全球伦理关注的具体问题持有不同观点,但这些理论都在努力阐明一个实质性的回应,以此应对**什么**价值观或原则最适合解决或管理全球伦理关注的这些问题。

为何问题把我们的目光引向在全球伦理框架内对全球伦理领域中相关道德参与者的讨论,其中包括探讨集体参与者及个体参与者是否具有道德地位这样的问题。在这类集体参与者当中,最为显著的就是国家,因为这个存在体显然拥有国际政治领域集体中介的极大权力。不过,这类成员也可

①　过渡正义(transitionaljustice)指的是转型或新兴民主国家针对过去政府利用公共权力侵害人权的行为,进行真相调查并对受害者给予补偿甚至给予加害者惩罚的作为。——译者注

能还包括诸如跨国公司或多国公司这类机构,比如世贸组织或联合国这样的国际政府组织;还可能包括国际非政府组织,包括从大赦国际[①]、红十字、乐施会[②]这样的国际慈善组织到跨国反恐机构。在讨论过程中,有些理论比较侧重某些参与者,而不太关注其他参与者,但在所有理论中,为何问题最后总是引入道德参与者的**本性**这类更为深入的一系列问题。如果不进行这样的探讨,理论家就不能从为何问题转向第四个问题,即如何问题,最后这个问题探究的是在伦理身份、权利、职责和责任方面,全球伦理领域的道德参与者相互关联的方式。如果解决了全球伦理观的依据和实质以及潜在的相关道德参与者这些问题,那么接下来就需要解决何人应当为何人担负什么责任这一问题,把重心从有关伦理判断的哲学问题转向规定和行动的领域。尽管有些理论家更为侧重与个体有关的**如何**问题,但是,对许多理论家而言,构建全球伦理原则包含体制、法律、政治这些层面的行动。

概言之,为了回答有关全球伦理的本质和范围问题,本书把全球伦理界定为系统考察:1.如何确定对全球问题的道德观权威依据的不同论述(**为何**);2.对战争与和平、全球

---

① 大赦国际(Amnesty International),西方国家一个非官方的、自称专门营救政治犯的国家组织,总部设于伦敦。——译者注

② 乐施会(Oxfam),是一个具有国际影响力的发展和救援组织联盟,它由13个独立运作的乐施会成员组成。1942年,Canon Theodore Richard Milford (1896—1987) 在英国牛津郡成立, 原名为 Oxford Committee for Famine Relief。1963年,加拿大成立了第一家海外分会。1965年起改以电报地址 OXFAM 作为名称。乐施会跨越种族、性别、宗教和政治的界限,与政府部门、社会各界及贫穷人群合作,一起努力解决贫穷问题,并让贫穷人群得到尊重和关怀。“助人自助,对抗贫穷”是乐施会的宗旨和目标。——译者注

政治经济、全球环境、由于全球化处境而引起的不和谐价值观的冲突这类道德问题的不同实质性回答（**什么**）；3.对全球范围内相关道德参与者的身份及本性持有的不同观点（**何人**）；4.以上论述对个体道德参与者和集体道德参与者的权利和义务具有的不同实际意义，这些参与者在全球化的境况下相互之间发生联系（**如何**）。

-我们是否拥有应对全球伦理问题的方案-

我们已经看到，上文提到的汉斯昆等神学家声称我们已经拥有资源，用以解决现有世界宗教内的**为何**、**什么**、**何人**以及**如何**这些全球伦理问题。尽管对世界宗教的界定不乏争议，但世界宗教通常被认为包含有信仰体系，比如印度教、儒教、道教、佛教、犹太教、基督教、伊斯兰教等。所有这些宗教都阐明管理人类行为的伦理价值观和原则，并且都拥有世界上的大部分人口，因此宗教似乎正是为确立全球伦理标准而努力的合理出发点。但是，如果我们对宗教提供的用来探讨全球伦理问题的资源进行更为细致的考察，那么一些问题便显而易见。

第一个问题在汉斯昆的论述中极为突出。这一问题源自这样一个事实：在许多情况下，基于宗教的伦理观根植于许多其他的信仰和做法，而这些信仰和做法所参照的都是物质世界之外的生存方式。有些宗教预设存在着全能的上帝，并对神性与人性做出明确的区分，比如亚伯拉罕[①]信仰即为如

---

① 亚伯拉罕(Abraham)是基督教《圣经》里面的一位重要人物，据说是希伯来人的始祖。——译者注

此。在这样的宗教里，上述情况尤为明显。在基于宗教的伦理中，对于**为何**问题，哲学论述或经验证据并不能做出充分的解答，因为这一问题还要求对神性权威的信仰，而这种神性权威通常被视为存在于圣典里面或纳含于某些角色之中，譬如牧师就充当着这样的角色。即便在宗教传统并不直接激发来世权威的宗教里，仍然存在一种通过著述和箴言而得以流传下来的约定俗成的**传统**，其本身对支持者就具有权威性，而不需要再参照其他支撑性观念，儒教或佛教就属于这样的宗教。对基于宗教的道德观权威的这种信任，使得这些道德观具有独特的反响及信服力（沙利文和凯姆里克，2007：238）。然而，这同时也提出了使用基于宗教的伦理提供的资源来解决宗教之间分歧所产生的问题。看起来，此类争论只有两种解决方案：要么在宗教基础上进行解决，这样就把我们带回到宗教信仰体制本质的不相容性，因而只能通过神性权威或精神权威才能得以解决；要么使用跟世俗伦理一样的词汇，通过对人性的本质、目的及能力的哲学辩论来探讨这些观点。

　　基于宗教的伦理遇到的第二个问题来自以下事实：这些伦理观不仅在本质和范围上各不相同，而且还内在地相互争执。即便在宗教传统原则明显具有普遍性的宗教（比如儒教、基督教、伊斯兰教）里，根据历史上的实际做法，都曾把"局内人"和"局外人"区别开来，还把管理同一宗教群体成员的伦理价值观与管理成员和非成员之间的伦理价值观加以区分。此外，上文提到的宗教都不是单一的统一体。在宗教内部，对于经书或传统权威所讲到的伦理，也存在着深刻的分歧。因此,宗教传统中关于伦理的讨论,探讨的是跟世俗伦理理论一样的问题。

努力尝试创建一个基于宗教之上的全球伦理,第三个问题关涉到其实质性内容。1993年,在汉斯昆呼吁建立全球伦理的号召之下,产生了"世界宗教议会"。随后,宗教传统的代表人物提出,所有这些传统都有一个共同的道德核心,这就为全球伦理提供了比世俗哲学观更为强有力的基础。在该议会通过的《全球伦理宣言》(以下称《宣言》)中,提出了一系列的伦理承诺,这些承诺被视为是所有宗教本身固有的(沙利文和凯姆里克,2007:236)。《宣言》详尽地勾勒出了这种全球伦理的原则。其中"黄金规则"的根本是,你希望别人以什么方式待你,就应该以什么方式待人。其他原则还有:承诺非暴力和尊重生命;承诺人类主权和公正的经济秩序;承诺宽容和真理;承诺人人平等的权利及男女之间的平等配偶关系。然而,如果仔细研究一下《宣言》,有两点看起来十分突显。第一,许多原则的规定十分宽泛,需要进一步的讨论,才能确定应该如何进行阐释和运用这些原则。鉴于在神学方面尚无一致看法,探讨这些阐释和运用问题要求进行理论上的论证。第二,《宣言》明确指出,除了各个宗教共有的立场之外,还存在每个宗教都特有的伦理范围。这种区分跟上文谈到的"道德"和"伦理"之间的区分极为相似,但是如何搞清楚什么属于普遍性,什么又属于特殊性呢? 这里我们似乎又回到了理论论证的范畴。

概言之,我认为,汉斯昆把全球伦理置于与世界宗教观相一致的基础之上,他的这一工程必定会关涉到要对之进行理论化,这是本书所关注的方面。尽管宗教着实提供了进入这些问题的一个路径,譬如说,接下来两章谈到的理论主要是来自西方哲学传统,而这种传统在很大程度上受到基督教的影响,但这些理论并不能为我们提供回答全球伦理**为何**、**什么**、**何人**以及**如何**这些问题的捷径。

思考题

1.比较1980年的《伊斯兰教普遍人权宣言》(www.religlaw.org/interdocs/docs/cairohislam1990.htm)和1990年的《开罗伊斯兰教人权宣言》(www.religlaw.org/interdocs/docs/cairohrislam1990.htm),请问这两份文件的道德侧重点一样吗?

2.请通读1993年世界宗教议会的《全球伦理宣言》(www.weltethos.org/pdf_decl/Decl_english.pdf,2009年12月)全文,你认为不同宗教的道德核心之间的共性具有多大的说服力?

– 本书框架 –

在勾勒出全球伦理领域的大致面貌之后,我们现在可以说明并勾画出本书其他章节的撰写框架以及探讨上文提出的**为何**、**什么**、**何人**以及**如何**这些问题的各种解决方案。理解全球伦理有两大困难:其一是围绕全球伦理中**为何**问题所进行的讨论的程度及复杂性。全球伦理的许多研究都把带有自身复杂历史和内部争论的道德理论的各种参照点视为理所当然。为了领会某一讨论的两个方面,并对此做出判断,就有必要了解一系列的道德概念和视角,每个概念和视角都基于我们在全球化语境之下把是非观念合法化的具体设想。其二是本话题的宽泛程度。从全书推荐的阅读书目可以看到,有汗牛充栋的文献完全致力于全球经济关系伦理或战争伦理的讨论,而这些讨论又依据大量的经验文献或理论文献。因此,这本薄薄的小册子恐怕只能触及这些问题的表象。在安排本书的框架时,我已经把这些困难都考虑在内。对读者而言,阅读本书只是一个开端,因而全书通篇都会特别强调深入阅读书目的重要性(参见下文如何使用本书的建议)。

接下来两章探讨的是当代伦理理论中对**为何**问题所做的回应,这些回应与此后几章讨论的全球伦理文献有着关联。第二、三章从伦理理论出发,指出运用和批评这些理论的一些标准方式。这里的目的并不仅仅是让读者了解其并不熟悉的道德理论,还要让读者权衡其优缺点,从而可以对这些理论进行评价。反过来,这样有助于读者反思自己的伦理观及其对道德是非进行判断的依据。在阐明对伦理中**为何**问题所做回应的传统之后,本书其他章节探讨了在全球伦理讨论中对这一问题的不同回应是如何与对**什么**、**何人**、**如何**这些问题的讨论发生关联的。

第四、五章探讨了在全球社会经济关系中引发出来的伦理问题。第四章侧重发展伦理,第五章侧重全球分配公平理论。第六、七章分别探讨战争伦理以及由"和平"引起的伦理挑战。我们将会看到,第四至第七章探讨的那些重要伦理方面之间,存在着关联性和共性。我认为,有五个问题对全球伦理有着特别的意义。

1.个人伦理身份的本质和基础；

2.(相对于社会或文化而言)个人的相对伦理意义；

3.过去的相互作用对决定个体参与者和集体参与者道德权利和义务的伦理意义；

4.在回应全球伦理问题时，(相对后果而言)程序或过程的伦理相对重要性。

本书所探讨的伦理理论将就上述问题提供不同的回答和看法。在这些不同回答之间进行判断，就引入了第五个问题。这一问题对其他四个问题都极为关键。

5.对全球观众而言，全球伦理理论家提出的伦理观是否具有权威性以及如何具有权威性的问题。换言之，人们为何接受这种而非那种人类道德身份？为何接受群体而非个体的相对道德意义？为何接受过去相互作用的道德意义？为何接受程序而非后果的道德重要性？

第八章就第五个问题展开探讨。这个问题就是，以对真正的全球观众而言相当权威的方式来构建和探讨伦理这一持续性问题。这一问题对于全球伦理作为一种伦理探索的未来极为重要。为了研究这一问题，我将侧重分析在全球化处境下，不同人之间特别明显和尖锐的伦理价值观冲突这一现象。我提出，要想进行有意义的全球伦理讨论，首先需要对这些实际存在及潜在的伦理价值观冲突进行回应的**伦理**方式。这使我认识到，密切关注全球伦理中**何人**和**如何**问题的伦理视角对这一领域做出了尤为重要的贡献。全球伦理要想长期繁荣兴旺下去，必须对地球上所有的人真正开放，使其参与到这些讨论之中，而不咎其身份和价值观。

-如何使用本书-

本书是伦理教学的辅助材料。如果读者把本书视为进一步思索、阅读和讨论的出发点，那将会获益匪浅。本书的写作是一个连续的统一体，每章都是在上一章内容的基础上展开讨论。特别是第四至第八章的写作方式，是假定读者已经读完并理解了第二、三章的内容。每章都提出了深入阅读建议，并对每篇深入阅读材料所涉及的内容进行简单评述。参考书目列在每章正文的后面，其中包括补充的介绍性材料及深入阅读材料。只有使用这些补充阅读材料，才能完全理解每章所涉及的内容。每章还有一系列的思考题，可以帮助读者检查对文中涉及材料的理解，拓展对本书所探讨问题的进一步思考。尽管许多思考题可以单独使用，但如果把这些思考题作为课堂课下与他人展开讨论的基础素材，将会更有收获。有些思考题关涉到某些作者或某些理论观点，一般而言，在做这些思考题之前，如果能先进行一些深度阅读，将会极有佐益。在阅读本书时，需要时刻铭记在心的一点是，要想理解构成《全球伦理》主题的那些复杂思想和问题，着实需要花些时间进行思考和反思。《全球伦理》探讨了许多难题以及解答这些难题的一系列复杂而又迷人的方法。本书的目的是引导读者下定决心寻找回应全球化时代伦理困境的最佳方案。

-参考书目及深入阅读-

1.阿皮亚.K.A.世界主义.《陌生人世界伦理》,伦敦:企鹅丛书出版社,2007.作者认为,我们需要新的伦理思考模式,以此对全球化世界中不断变化的伦理存在的本质做出正确回应。

2.布恩尼.D.和奥迪.G.(编著)《怎么了？应用伦理家及其批评家》,牛津:牛津大学出版社,2005.读本包含了应用伦理的各种观点,通过对流产、反战主义、安乐死等此类问题的讨论,表达出对某些伦理立场的赞成与反对。

3.布朗.C.J.《国际关系理论:新规范方法》,赫默尔亨普斯特德·哈维斯特–惠谢夫出版社,1992.在本书中,作者确立了世界主义与社群主义的分类,把它作为区分国际政治中规范性判断的方法。

4.布朗宁.D.(编著)《普遍主义对应相对主义:在变化中的多元威胁世界上进行道德判断》,兰纳姆:罗曼和利特尔菲尔德出版集团公司.本书收录了一系列极有价值的文章,具体探讨的是道德判断是否可以声称具有普遍实效性这一问题。

5.科克伦.M.《国际关系的规范理论》,剑桥:剑桥大学出版社,1999.作者汲取了罗蒂和杜威的实用主义观,赞成超越世界主义与社群主义讨论之外的一种方法。

6.克波.D.(编著)《牛津伦理理论手册》,牛津:牛津大学出版社,2006.这部论文集涉及元伦理和规范伦理的根基,其中包括克波撰写的一篇极有价值的介绍性文章，对元伦理与规范伦理的区别加以诠释。

7.道尔.N.《世界伦理:新的日程表》(第二版),爱丁堡:爱丁堡大学出版社,2007.本书把世界主义与社群主义的区分作为组织原则,对全球伦理领域进行了探讨。作者提出"社会连带主义①–多元主义"的世界主义观,其中存在普遍价值观和责任,但这些内容与对

---

① 社会连带主义(solidarist)是一种社会学理论,认为社会成员之间的相互依存关系是构成利害一致的社会组织的基础。——译者注

文化多样性的敏感相和谐。

8.厄斯金.T.《根深蒂固的世界主义:对于"错位社会"世界的陌生人和敌对者的责任》,牛津:牛津大学出版社,2008.作者提倡基于社会之间联系的拓展之上的世界主义伦理理论形式,而非抽象的普遍原则。因此,本书提出了介于世界主义(伯格、辛格)和社群主义(弗罗斯特)之间的中间道路。

9.弗罗斯特.M.《全球伦理:无政府状态、自由和国际关系》,伦敦:罗德利奇出版社,2009.在本书提出的全球伦理观中,全球伦理价值和原则遵循当今世界秩序的"游戏规则"。对弗罗斯特而言,这由受制于(有条件的)主权规范的国家间社会和受制于人权规范的全球市民社会组成。

10.格里克.V.V.(编著)《全球发展的伦理维度》,兰纳姆:罗曼和利特尔菲尔德出版集团公司,2007. 本书收录了涉及一系列全球伦理问题的文章。

11.赫尔德.D.《全球公约:华盛顿共识①的社会民主方法》,剑桥:政治出版社,2004.作者概述了经济和政治全球化的不确定性含义,并论述了应对的具体办法。

12. 赫尔德.D. 和麦格鲁.A.(编著)《全球变革读本》(第二版),剑桥:政治出版社,2003.本书是对全球化不同领域进行的一系列专论。

13.赫尔德.D.麦格鲁.A.戈德布拉特.D.和佩拉顿.J.《全球变革》,剑桥:政治出版社,1999.本书是早期考察全球化进程的意义,并以

---

① 华盛顿共识(Washington Consensus),1989 年,陷于债务危机的拉美国家急需进行国内经济改革。美国国际经济研究所邀请国际货币基金组织、世界银行、美洲开发银行和美国财政部的研究人员,以及拉美国家代表在华盛顿召开了一个研讨会,旨在为拉美国家经济改革提供方案和对策。美国国际经济研究所的约翰·威廉姆森(John Williamson)对拉美国家的国内经济改革提出了已与上述各部门达成共识的 10 条政策措施,称作华盛顿共识。——译者注

批判的眼光探讨这些进程在实践方面先进程度的有益尝试。

14.赫斯特.P.和汤普森.G.《争论中的全球化》,剑桥:政治出版社,1996.作者对全球化理论提出批评,认为全球化远非其倡导者所声称的那么先进。

15.哈钦斯.K.《国际政治理论:对全球化时代伦理的再思考》,伦敦:塞奇出版社,1999.依据黑格尔和福柯的思想,作者倡导国际伦理和全球伦理的一种新思路。跟科克伦一样,作者在努力超越世界主义与社群主义的思路。

16.汉斯昆.《全球责任:探索一种新的世界伦理》,俄勒冈州尤金:威普弗和斯托克出版社,1990.本书是最早明确探讨全球伦理的著述之一。

17.拉福莱特.H.(编著).《布莱克威尔伦理理论导引》,牛津:布莱克威尔出版社,2000.本书收录了一系列关于全球化的各种理论视角,从视全球化极为先进的视角到较为怀疑的论述都纳含在内。

18.马修斯.J.T.《权力的转移》,参见《全球化读本》,莱奇纳和博利(编著),2004:270-276;摘录《外交事务》76(1)(1997):50-66.本书探讨了全球公民社会的兴起及其——与国家权力的相对衰落相比——越发彰显出来的重要性。

19.麦金尼.C.《道德能力,或如何做正确之事》,伦敦:达克沃斯出版社,1992.道德哲学家通过对流产、安乐死、动物权利和使用暴力这些方面的讨论,表达出对某些立场的赞成或反对的道德观。本书语言简洁,具有较强的可读性。

20.纳尔丁.T.和马佩尔.D.(编著)《国际伦理传统》,剑桥:剑桥大学出版社,1992.本书论述了思考基督教和世俗立场的国际政治道德传统。

21.奥梅.K.《民族-国家的终结》,参见《全球化读本》,莱奇纳和博利(编著),2004:214-218;摘录《民族国家的终结:区域经济的兴起》(1995),纽约:哈珀柯林斯,自由出版社.作者认为,在全球化背景下,民族-国家在经济领域的权力已经丧失殆尽。

22.帕雷克.B.《全球伦理原则》,参见《全球伦理和公民社会》,J.伊德和D.奥伯恩(编著),艾迪索特:阿什盖特出版公司,2005.这篇文章倡导基于差异和对话之上的全球伦理。

23.伯格.T.《世界贫困和人权》(第二版),剑桥:政治出版社,2008.本书阐述的主要观点是:普遍伦理原则适用于全球分配公平问题。

24.罗伯逊.R.和怀特.K.E.(编著)《全球化:社会学批评概念》,伦敦:罗德利奇出版社,2003.本论文集探讨了社会学框架内全球化研究的不同理论路径。

25. 罗滨逊.F.《把关怀全球化:伦理、女性主义理论和国际关系》,科罗拉多州波尔得:韦斯特维尔出版社,1999.作者对国际伦理和全球伦理方面的诸多权威著述提出质疑, 提出基于女性主义关怀伦理之上的女性主义路径。

26.罗斯克兰斯.R.N.和斯坦A.A.(编著).《国家不再? 全球化、国际自决与恐怖主义》,兰纳姆:罗曼和利特尔菲尔德出版集团公司,2006.本书考察了全球化对国家权力及国家自决运动带来的冲击。

27.辛格.P.《伦理学指南》,牛津:布莱克威尔出版社,1993.本书收集了对伦理学的各种介绍性文章,其中包括探讨伦理史、元伦理、规范伦理和应用伦理的论述。

28.辛格.P.《一个世界:全球化伦理》(第二版),纽黑文和伦敦:耶鲁大学出版社,2004.作者认为,全球化过程要求认可一直存在的普遍道德责任。

29.沙利文.W.M.和凯姆里克.W.(编著)《伦理全球化》,剑桥:剑桥大学出版社,2007. 本书收录的文章考察了探讨全球伦理的各种世俗和宗教视角,其中包括基督教、伊斯兰教、儒教、佛教和犹太教。本书附言部分为下面的文件,在网上也可以查找到。

《亚洲人权宪章》(1998):

http://material.Ahrchk.Net/charter/mainfile.php/eng_charter/

《曼谷宣言》(1993):

http://law.hku.hk/lawgovtsociety/Bangkok%20Declaration.htm

《开罗伊斯兰教人权宣言》(1990):

www.religlaw.org/interdocs/docs/cairohrislam1990.htm

《全球伦理宣言》(1993):

www.weltethos.org/pdf_decl/Decl_english.pdf

《民权与政治权利国际公约》(1966):

www.hrweb.org/legal/undocs.html

《社会、经济和文化权利国际公约》(1966):

www.hrweb.org/legal/undocs.html

《普遍人权宣言》(1948):

www.un.org/Overview/rights.html

《伊斯兰教普遍人权宣言》(1980):

www.alhewar.com/ISLAMDECL.html

30.沃森.J.L.《香港的麦当劳》,参见《全球化读本》,莱奇纳和博利(编著),2004:125—132.摘自《东方金色拱形标志:麦当劳在东亚》(1997),加州斯坦福:斯坦福大学出版社.这篇文章以麦当劳在香港的运营模式为例,表明不同文化以自己的方式接纳并适应全球品牌,这是一篇极有影响的论述文化全球化的文章。

31.威阿达.H.J.(编著)《全球化:普遍性趋势,区域性含义》,麻省波士顿:东北大学出版社,2007.本书考察了全球化对各个国家和地区产生的独特冲击。

第二章

理性主义伦理观

–本章导读–

关于全球伦理的许多著述,其基点都建立在现有伦理理论的深刻见解和观点之上。本章及下一章的目的,就是提供一种框架,简略概述一下全球伦理文献里富有影响力的伦理道德思考方式。在考察伦理理论之前,读者应该清楚的一点是, 任何力图把道德理论进行分类组合的尝试都会招来争议。在其他教材和综述中,可能会对相关伦理视角有着与本书不同的分类。此外,单凭我把两种理论置于同一标题之下,这样做并不意味着这两种理论的观点完全一致。伦理研究路径的**内部**及**之间**都存在着极大的分歧,而且,各种分类方法也表明,根本无法把这些路径明显地区分开来。

本章侧重于17、18世纪兴起于欧洲的理性主义伦理观(施内温德,1993),这些观念引发了全球伦理领域的相关讨论。我们将会考察的理性主义伦理观有:功利主义、契约论、道义论和话语伦理。在以下两种意义上,这四种视角都属于理性主义理论。首先,对这些理论而言,在提供伦理观的权威性以及区分伦理观和纯粹利己心或主观感觉观念的基础方面,都有不同形式的理性在发挥着重要作用。其次,对这些理论而言,伦理的根基可以通过伦理理论家运用理性得以发现和解释,因而脱离了实际的伦理讨论语境和关注点。本章的目的是简要介绍这些理性主义伦理视角的基本观点,下面几章将考察各位思想家如何从这些视角出发对某些全球伦理问题展开探讨。为了帮助读者把下面相当抽象的讨论与全球伦理的关注点关联起来,文后的每道思考题要求读者思考每种伦理理论对本书后面部分探讨的某一全球性问题的意义。

–功利主义伦理–

后果主义伦理理论认为,某些伦理价值观和伦理原则的道德价值,要取决于采纳这些原则对人类个体和集体所产生的后果是好还是坏。这类理论基于人类的本性和动机的观念之上,声称出自人类处境的物质真理。在这个意义上,这种理论与基于宗教的伦理方法背道而驰,后者直到17世纪一直主导着欧洲的思潮。**功利主义**是最为闻名、最有影响的后果主义伦理形式(佩蒂特,1993;肖,2006)。

我们将会看到,大部分伦理理论都在两方面进行质的区分,一方面是驱动伦理或道德的事物,另一方面是驱动我们个体自私欲望的满足感。功利主义则对这一区分提出质疑,并用量的而非质的术语重新对之进行描述。功利主义的缔造者边沁①(1748—1832)的思想根基就是人会自然地受到快乐(幸福)的驱动而远离痛苦(不幸),因而人们总是愿意追逐前

---

① 边沁(Jeremy Bentham),英国哲学家和法学家,功利主义伦理学的代表。认为利益是行为的唯一标准和目的,每个人关心自己的利益,就会达到"最大多数人的最大幸福"。主要著作有《道德及立法原理》《义务论或道德科学》等。
——译者注

者而趋避后者。在此基础上,边沁建立起来一种伦理理论,这一理论的奠基性原则即为实用性原则:"总是把最大多数人的最大幸福最大化。"这样一来,边沁就把道德动机和非道德动机之间的区分一笔勾销。对边沁而言,道德的行为就是公正的行为,其目的是尽可能多地满足个人的幸福欲望。显然,这并不意味着边沁提倡个人层面的自私。他一直坚持,在道德天平上,每个人的分量都同样重要,因此从道德层面看,就不存在把某人的利益置于他人利益之上的理由。

边沁的功利主义观一直遭受严厉的批评,后来的功利主义思想家对他的思想进行了调整。边沁试图要把道德判断降低至幸福计算①的地步,受到了人们的嘲笑。在幸福计算中,可以多多少少地权衡某些行为所导致的幸福与不幸的相对分量。无论是计算直接后果,还是计算中期乃至长期后果,都存在如何充分地预测后果的各式各样问题。更为根本的是,如何首先衡量幸福和不幸的问题。接下来的功利主义思想家,譬如说J.S.密尔(1806—1873),对不同类型的"幸福"进行质的区分,认为伦理判断要求区分低级快乐与高级快乐,前者来自吃个三明治这样的行为,后者来自解决复杂数学方程式这样的行为。这种区分使事情更为复杂化(对于功利主义的详细介绍,参见弗莱,2000)。

除了在澄清幸福与不幸的含义这方面存在困难之外,对功利主义的进一步批评关涉到下面的事实,即功利原则是一

---

① 幸福计算法(felicificcalculus)指的是以任何行为产生的快乐胜过痛苦为准而确定最佳行为的方法。——译者注

种聚合的、多数主义①原则。批评家已经指出,这一原则的暗含之意是,为了使多数人幸福,让少数人遭罪合情合理。在20世纪,进行了对功利主义作为一种道德哲学所拥有的优点的讨论,其中极为常见的情景是,为了让多数人获取幸福,少数无辜者死亡或遭受折磨被视为合乎道理。在更为世俗的层面上,如果每种行为都要重新进行功利计算的话,那么功利主义似乎可以与撒谎、偷窃、欺骗行为融洽相处,只要这些行为促进了最大多数人的幸福。功利主义思想家对这些批评进行回应,他们提出"规则"功利主义思想,以此对应"行为功利主义"。在规则功利主义那儿,不能单看孤立的一个行为,而是依据道德规则对每个人做出的总体功利性贡献进行评价。根据这样的观点,可以说,宣布谋杀、偷窃、撒谎等为非法行为的那些约定俗成的伦理原则是有道理的,因为这些原则总体上促进了功利性。与这些原则背道而驰的行为,即使在特定情况下这些行为似乎也可能促进了功利性,然而随着时间的流逝,这样的行为实际上会减少普遍功利性。但是,即便在规则功利主义那儿,其道德基石仍然是功利性原则。如果可以表明谋杀或撒谎是为了最大多数人的最大幸福最大化,那么功利性原则一定会超越我们对道德价值观、美德或原则本身价值的眷恋(对功利主义批评所做的极有价值的概括,参见坦斯乔,2002:25–40;对功利主义和后果主义更为全面的批评,亦见格洛弗,1990;斯马特和威廉姆斯,1973;瓦伦泰恩,2006)。

---

① 多数主义(majoritarianism)是主张在团体内实行多数说了算的原则。
——译者注

边沁坚信社会改革。显而易见,功利性原则具有重要的分界线。首先,在其根基和应用方面,功利主义都极具普遍性。在功利主义看来,每个人本质上都是一样的(都是一种受快乐欲望、痛苦恐惧所驱动的存在),对任何他人都具有同样的意义。功利性原则要求在公平基础上考虑一种行为的所有意义。从功利主义的视角看,每个人的幸福都跟其他任何人的幸福同样重要。因此,并不存在逻辑上的理由,在城市、州或国家的界线上对道德义务范围进行划分。更具争议的是,功利主义可以为了多数人的利益进行交换,即为了追求多数人的幸福,而允许少数人遭罪,这跟它声称自己为平等主义道德理论的说法自相矛盾。

　　对于边沁而言,功利主义遵循的是关于人的本质可以理性地理解的事实,因此它可以适用于任何个人及所有个体。从功利主义的角度出发,我们可以对所眷恋的具体道德原则或根深蒂固的文化价值和做法赋予道德方面的重要意义,只要它们有助于产生一般功利性。这就把功利主义与被某些价值观或原则为绝对伦理价值的理论(如下文即将讨论的道义论)区分开来,也把功利主义与在伦理上优先关注根植于生活做法和方式的规范和价值这样的理论区分开来(参见第三章关于美德伦理的讨论)。那么,对于功利主义而言,有可能在“伦理”与“道德”之间进行明确的区分(参见第一章)。功利主义道德观作为一种更高秩序的方式,对根植于某些生活方式的价值观和原则的相对是非曲直做出判断。

思考题

功利主义关于全球贫困和战争的伦理讨论已经产生了重要影响(参见下文第四、五、六章的讨论)。请思考以下问题:

1. 你认为功利主义会把全球经济不平等视为道德错误吗? 请给出理由。

2.如何在功利主义基础上,为战争中使用武器而导致大量破坏的道德合理性进行辩护?

－契约论伦理－

边沁和密尔的著述是在18世纪和19世纪完成的, 但是,受到享乐欲望和痛苦恐惧驱动的人性功利主义模式,要归功于17世纪思想家托马斯·霍布斯(1588—1679)的著作。在霍布斯看来,从关于人性的论述那儿,可以知晓如何在伦理是非之间做出区分的不同含义。霍布斯的人类道德观基于严格的程序基础之上,从人性前提一直到对道德和政治的起源和本质的全面论述,都统统包含在内。为了达到这一目的,霍布斯利用"自然状态"分析假定,这一点广为人知。个体存在于这种"自然状态"中,其间并无任何形式的社会、法律或政治权威和组织的存在。霍布斯认为,在这样的语境之内,正义和非正义之间并不存在有意义的区分。根据霍布斯的唯物论,人是"运动中的物质",每位个体都是受到负面(恐惧)和正面(欲望)能量驱动的自给自足的机器, 都带有工具理性的能力,这样的话,他们就能计算出来如何产生或避免后果。根据霍布斯的论述,尽管恐惧和欲望可能会以各种各样的情感形式展现出来,但是所有人身上都共有一种根本性的恐惧或欲望,即对死亡的极度恐惧和对自我保护的极度欲望。霍布斯的个体被置于自然状态之中,其间没有外部力量对其活动进行调解,霍布斯认为,这时将会出现"所有人反对所有人"的战争状态。这种情形的出现,并不一定是因为个体内在的肮脏和邪恶,而是因为在自己的安全没有得到任何保障的情况下,出于对死亡的极大恐惧及对自我保护的极大渴望,人们不得不积蓄尽可能多的力量,从而预先制止他人攻击自己的潜在可能性。在我们认为物质财富并非富足的情况下,这种对"一个又一个权力"的掌控,使得人与人之间的冲突不可避免。不过,由于霍布斯在他的自然状态模式中输入了差不多的平等能力条件,因而在这一状态内,除了外部征服就不太可能确定冲突的后果。

因此,霍布斯的自然状态说就把个体置入了一种不可能的情形。在这种情形下,人们因其自身的不安全感而被迫进入使其更不安全的行为。正如霍布斯所言,自然状态之内的生活"孤寂、贫穷、肮脏、残酷、**短暂**",这种短暂性尤与人们最为根本的欲望——活着的欲望——完全对立。这一对立的位置,加上个体的工具理性能力,提供了每个人走出自然状态的自私动机。由于处于自然状态的人与人之间的信任感完全缺失,人们就无法停止相互之间的残杀。这就需要其他东西的存在,才能保证人们和平地生活下去。霍布斯认为,这一问题的解决方案可以在协约观里找到,他称这种协约为"契约"，这就是现在称为"社会契约"的思想。在霍布斯看来，处于自然状态的个体相互之间发生联系，目的是通过各种可能的手段来交换其个体自然的权利，从而能够实现自我保护。概因没有内在理由来信任进行这种交换的双方协约，就得通过创建能够支配一切的权威（最高统治者）来获取对该协约的信任，因为这一权威有权力迫使个体信守诺言。实际上，最高统治者得到契约各方的授权，后者放弃自己的自然权利，而接受这种支配一切的新权力。霍布斯认为，只有在这一点上，区别正义和非正义才有意义。因为只有到了此时，我们才有充分的理由为这样的区别提供依据。霍布斯的这种思想所依据的是，各方已经达成共识，把权力授权给支配一切的权威来对正义和非正义进行区分。

霍布斯的观点反映的是契约论伦理观，因为他把是非观最终置于个体自觉同意的权威，后者被视为具有某些根本性特质。在其后的许多思想家看来，霍布斯对人性以及个体在自然状态中的行为所做的论述中那显而易见的非道德性就构成了问题。只是在契约建立之后，"正义"概念才有意义这一观点尤为引发争议。对霍布斯而言，似乎不太可能在独特的合法性原则方面对道德和政治或法律这些领域进行区分。后来的契约观，譬如洛克（1632—1704）的观点，在论述处于自然状态的个体的自然权利时，注入了更为精心构思的内容。这样一来，就可以把**道德**是非的**依据**与**法律**或政治是非的依据区分开来（参见下文对自然法则的讨论）。然而，伦理观的权威性来自自觉同意这一观念极有分量，它反映出逐渐主导现代西方思想的那种观点，即从某种意义上讲，个体在伦理上是第一位的，是源头，而非仅仅作为伦理关注的对象或中介。这一观点对边沁的功利主义也很重要。

但是，跟功利主义不一样的是，正因为契约论思想依据自愿协约，它对人们之间可以接受的交换类型进行了某些限定。就连霍布斯也不赞同个体应该同意被至高无上的权威所杀害这种观念，因为这样做会破坏制订契约的目的。因此，霍布斯赞成再回到后契约社会自然权利的可能性及容许度那儿。在这一后契约社会中，个体逃避法律制裁，从而保留自己趋避伤害的权利，还保留使其摆脱代表最高统治者而战的权利。有些契约论思想家认为，根据同意这一契约原则，诸如奴隶制这样的体制就不可能合法，因为奴隶制与人们处理自己身体和能力的自然权利相互矛盾。因此，依据契约观，总是存在着某一理性主义个体观，并且这一观念对于任何既定的契约论伦理理论的意义都非常重要（参见凯姆里克，1993；关于契约论的概述及其在伦理理论中表现出来的不同形式，参见赛尔斯-麦科德，2000；坦斯乔，2002：47-55）。

除了个体概念之外，契约观还总是依赖产生契约的情境。关于产生契约的情境以及伴随个体概念产生契约权威的情境，不同思想家有不同的论述。实质上，对于构成契约之必需情境的论述，有霍布斯自然状态论中的致命不安全观，也有洛克著述中对自然状况的更为社会化、更具调解性的论述。此外，在霍布斯那里，自然状态被假定为一种假想的思想实验；但在洛克那里，它却被视为真实的历史状况。最近时期，道德、政治理论中的契约论以假定性方式对待契约。更知名的是，在《正义论》（1971）一书中，罗尔斯从社会契约传统中汲取灵感,阐发了关于正义的意义和要求的思想。他所阐述的正义原则因指向理性个体做出的选择而合法化。如果这些理性个体对相互之间需要合作的人们的正义原则进行仔细审视,他们就会做出上述选择。罗尔斯称之为背后的"无知的面纱"。

像其他契约论观点一样,罗尔斯论述中的关键因素是他的前契约个体以及契约情境的思想。跟霍布斯的个体观一样,罗尔斯的个体观坚持个体是理性的,能够弄清楚怎样做才符合自己的利益。然而,跟霍布斯不一样的是,尽管罗尔斯把他的前契约个体视为出于自私的目的而行动,但这些人实际上并非受到自我保护的主导欲望所驱动。这是因为,罗尔斯的个体并不知道关于他们身为**何人**的任何具体内容,他们在罗尔斯称之为的"无知的面纱"之下进行思考。这意味着,他们只是了解有关人性、人类行为、历史、社会体制、管理政治团体的不同方式等的一般性内容。他们还意识到,在他们建立的社会中,他们可能会是**任何人**,从个人的角度(无论贪婪或无私)或社会的角度(无论贫穷富有)来看都是如此。但是,他们因而并不知道自己将会有怎样的欲望和兴趣,不知道需要选择正义原则,从而使其追求这些欲望和兴趣的机会最大化,而不管他们身为**何人**。基于这些观念,罗尔斯认为,从"无知的面纱"背后的个体"原初状态"而来的正义原则包括所有人都会拥有的一些根本的个体权利和自由。但是,除此以外,他还认为,在经济公平或分配公平方面,处于原初状态的人们会首先赞同机会平等原则,然后才赞成他称之为的"差别原则"。后者是许多研究所探讨的话题,其思想是,只有在这一原则对社会中那些境况最糟糕的人也有利的情形下，财富不均等才算得上有道理。

在《正义论》一书中，罗尔斯的论点尤为指向功利主义正义观。与功利主义相比，罗尔斯把契约传统置于个体同意的基础之上，对之进行重新建构，这就在这一传统中置入了对每个人权利的根本尊重。概因个体**可能会是任何人**，他们就有效地代表着**每个人**的利益。谁也不会希望为了拯救其他20人的性命而成为无辜的牺牲品，因此不能交换这一根本权利就被置入了罗尔斯的正义观之中。在本质和程序上，罗尔斯的契约论回应了社会契约传统中的早期契约论。从本质上讲，伦理同意原则的基础确保某些根本个体权利具有不可协商性，不管这些权利是多么的微不足道。从程序上讲，所阐述观点的合法性被认为存在于一定的前提之中。即便这些前提并非完全不言自明，但任何理性读者都能够明确地理解并相信它。正如功利主义论一样，作为理解权威以及道德观本质的方法，契约论声称具有普遍显著性。因此，就像实用原则一样，契约论因而作为一种批评标准，对伦理价值观和原则进行判断。

在伦理学中，有关契约论的许多讨论都是围绕契约理论对个体及其环境所阐发的根本性观点以及个体同意所承担的伦理责任而展开的。批评家通常指出，契约观并不像其声称的那样具有中立性和普世性。譬如说，批评家一直认为罗尔斯把男权主义观和西方观悄然引入到他关于原初状态的个体的论述之中（参见下文第三、五章中奥肯和沃尔泽对罗尔斯的批评）。关于同意在契约理论中的作用，也存在着各种各样的问题,原因有二。其一,识别同意(积极协议、计谋协议、假定协议)的含义究竟为何的问题;其二,这种做法显然把道德义务局限在相互关系之上,后者可以被看作是自动形成的。跟把所有人都平等地纳含于其应用范围之内的功利主义不同,契约论把处于契约群体内外的人进行了区分(关于契约论者探讨道德理论方法正反两方面的理由, 参见弗里曼,2006和佩蒂特,2006;关于基于罗尔斯著述的最新契约道德论,参见斯坎伦,1998)。

思考题

1.契约论要求关于个体的本质性观念的存在。你认为存在诸如人性之类的事物吗? 如果存在的话,何为人性?

2. 在对不是处于同一政治群体之内成员的道德义务的本质和程度的全球伦理讨论中,契约论发挥了尤为重要的作用。你认为利用税收资助公民健康和教育的道德观与利用税收资助国外贫困救济的道德观会有所不同吗?

–道义论伦理–

功利主义者与契约论者的伦理观都是基于以下思想:人类在本质上都是理性的, 都具备把自己利益最大化的能力。道义论从基于规则之上的视角出发,对伦理进行探讨。在这种探讨中,道德原则具有绝对的、无条件的规定性地位。在上一章,我们看到,有些基于宗教的伦理在本质上即为道义的,那些把道德置于神圣权威的伦理尤为如此。根据这种观点，道德观具有真理的地位。在中世纪的基督教传统中，认为可以通过圣典启示获得道德真理知识，但也可以通过自然理性来获取这种知识，因为自然理性通晓自然法则原理，也无须借助于圣典的作用。自然法则是置于所有人身上的准则，反映的是人类生存的真正终点，因此提供了理解人们行为对错的基础。在17世纪和18世纪的欧洲，自然法则在本质意义上是人本身所固有的东西，是可以通过理性获取的思想。这一观点对霍布斯的哲学人类学思想是一种极大的反动。然而，在启蒙运动时期，西方道德哲学家越发从毫无保留地依赖基督教观念转移开来。取而代之的是，功利主义或契约论思想变得越发重要起来，这些思想所依赖的应该是可以证明的人性观。但是，认为道德法则规定是人本身固有的，可以理性地掌握，并且独立于情感和利益的范畴，这种最初起源于基督教思想的观点并没有消失。更加广为人知的一点是，这种观点在康德(1724—1804)的道德论中重新得以复苏。

康德的道德哲学是更为宽泛的哲学工程即批评哲学的一部分。在批评哲学中，康德探究的是解决如何确立事物本质的知识观、是非对错的道德观以及美丑的审美观这些永恒的哲学问题。康德批评哲学的核心是一套关于人的能力是有限的、有条件的论点。在康德看来，在道德语境之内(正如霍布斯的人性论所表明的那样)，人容易受到天生情感和欲望的控制，因而人是有限的、有条件的。但是，在康德看来，人们同时还拥有自我立法(纯实践)理性的官能。这种能力使人们有可能具备超越式的支配性动机，并在纯实践理性的基础上

43

行为。在这种情况下,理性并非基于经验基础之上的语境判断,亦非帮助人们从A到B的工具能力。相反,这是一种独特能力,能够甄别道德法则所要求的内容,并依此而行为。在纯实践理性基础之上的行为,意味着依据道德法则的要求行为,在这种特殊意义上,也意味着道德的行为最终即为理性的行为。康德的观点显然令人联想起自然法则观,后者视自然法则为铭刻在人身上的固有东西。但是,在康德那儿,识别理性的、道德的东西,既不取决于祈祷道德法则创立者上帝的帮助,也不取决于对人性的一般看法。康德认为,我们若是天使的话,会自动地知道什么是正确的事情,从而去做正确之事。正因为我们不是天使,我们需要某种办法来弄清楚道德法则的要求是什么。如何才能做到这一点?康德的回答是,这要取决于阐明道义伦理原则的正式特点。

康德的道德原则强调两个因素:其一,在形式上,这些原则是普世的规定;其二,人们的道德正确性不仅仅取决于依据这些道德原则来行为,在本质上还取决于由于这些道德原则而行为。在康德看来,出于错误原因而做了正确事情,这并不是道德的行为,因为这样做未能把人的行为置于纯实践理性的自我立法权力(自主)之中。这样一来,对康德而言,做正确之事需要两个因素。第一,必须弄清楚要做的什么事情是正确的,这意味着识别普遍道德法则的要求。第二,必须以此为基础而行为,而不是因为这碰巧符合某人的利益,也不是因为某人碰巧此时此刻正想做正确的事情(对康德伦理更为系统全面的介绍,参见奥尼尔,1993;希尔,2006)。

普遍性标准对康德探讨非天使的人类弄清楚要做正确

之事的方式极为重要。在他著名的"普遍化测试"观中,康德声称,通过考察行为背后的规定性原则(准则),并弄清楚如果这种准则作为普遍应用的道德原则会出现什么样的情况,就可以弄清楚所考察的行为在道德上是否正确。因此,假使有人正在考虑撒谎来保护某人的感情,那么他需要考虑的是,如果"总是撒谎来保护某人的感情"这一原则成为普遍适用的规定,那么这会意味着什么。在康德看来,一旦这一准则被普遍化,我们就会面对着永远不能相信人们的言语这种荒唐性。因此,我们知道,撒谎是错误的,人们应该依此观点而行为,而不能照顾自己或他人的感情。

在他称之为"绝对命令"的原则中,康德总结了道德或纯实践理性的要求。在他的著述中,对这一命令有几条规定,其中两条对当代伦理讨论仍具有特别的意义。第一条规定是,人们应该"依据其能够始终依据的准则来行为,这些准则将会成为普遍法则"。这一点清晰地反映出普遍化测试的思想,应该有助于我们把道义上正确的东西与受到某些感情、身份和利益污染的东西区分开来。下面的这条规定有点儿不同,即人们"永远不要把他人纯粹作为手段,而是把他人作为目的"。该规定的意义似乎有些模糊,但是如果把它展开,这条规定就沿着康德以下的思路:道德是基于自主纯实践理性的官能之上,这是人类共有的,而且这一点还把人类与其他动物区别开来。把"他人作为目的",我们是在承认和尊重人类独一无二的价值源泉,即人类能够超越自然决定论。把人作为手段,譬如说,把他/她当作奴隶,就是违背了使人具有特殊性的内容,不是把被奴役者而是把奴役者降低到不能尊重自我决定道德法的动物地位。要是一个人具备知晓道德法则的能力，但却违背而行之，那么他/她就负有不道德罪，应该为其所作所为承担责任。

康德的道德论通常被作为边沁功利主义伦理观的对立面。边沁强调功利性作为后果的重要性，康德则强调道德原则的重要性，却不讲这些原则在具体语境中的重要性。边沁允许在追求功利最大化时进行权利交易，康德则坚持尊重其本身即为目的的每位个体。但是，像边沁一样，康德的观点也遭受到极大的批评，其普遍化测试思想尤为如此，因为许多人认为这一思想实际上并没有提供任何不言自明的指导，来说明什么可以、什么不可以被不断普遍化（关于康德的道义论概述，参见坦斯乔，2002：56-72。关于当代道德哲学中道义论的正反两方面讨论，参见戴维斯，1993；克斯廷，2006）。

但是，功利主义者和契约论思想家对康德道德理论最为常见的反对是，作为一套道德规范，他的理论太脱离语境，过于苛求（参见戴维斯，1993：217-218；坦斯乔，2002：60-73）。跟功利主义和契约论一样，康德的道德论对道德和伦理进行了区分。但是，在康德的道德论那里，该界线的划分把契约关系、利益、情感和欲望的道德显著性排除在外。康德的普遍性并不受限于人性观。他的观点是：道德法则代表着包括人类和非人类在内的所有理性动物。人类和天使的区别与不同道德标准无关，而与人类的不完美有关，后者意味着我们把道德规则视为对我们非理性驱动力和欲望的遏制。

思考题

道义论伦理赋予所有人绝对的道德地位,这对于思考全球伦理范围内的杀戮和惩罚具有重要意义(参见下文第六、七章)。请思考以下问题:

1. 道义论者如何反对功利主义为战争中使用武器造成大量破坏所做的辩护?

2.道义论者认为,战后,战犯必须被逮捕并受到惩罚,功利主义者如何对之提出异议?

–话语伦理–

功利主义、契约论和康德的道义论把伦理基础置于个体,认为个体是功利的最大化者,是自然权利的承担者,是能够进行道德自我立法的存在。不同形式的话语伦理对前三类道德理论观的个体主义观和理性主义观提出批评,但在某种意义上,这一伦理视角仍努力坚守伦理观的理性基础和普遍范围。话语伦理最具影响的倡导者是哈贝马斯。

哈贝马斯道德观的出发点是康德的道义论及这一理论中对道德和伦理所做的区分。对哈贝马斯而言,康德认为道德观具有普遍形式并提供可以应用于不同语境的批评标准,他的这种观念是正确的。在哈贝马斯看来,如果这些观念不存在,就不会有对坚不可摧的文化做法的道德错误进行评判的标准。譬如,历史上出现过的奴隶制和虐待,在过去被认为是可以接受的,而现在却被视为在道德上令人发指。因此,哈贝马斯认为,置伦理于社会和文化语境之内的伦理理论本身就很保守,不能促进道德进步。然而,除此以外,哈贝马斯还认为,在现代社会中,有一股强有力的运动,要求认可某些原则是而且应该是普遍化的。在哈贝马斯看来,也许存在着一整套价值观,从而告知并指导我们生活的方式。但是,他还坚持,在后者层面上,我们需要对"善"与"正确"加以区分。前者总是具有特定语境,并且可能会呈现出多种形式,后者则必须呈现普遍化原则的形式。正确的东西有助于我们确定什么样的善的生活为道德所容许。

哈贝马斯道德观的形式和内容都顺沿着康德的理论思路,但在回应为何问题方面,他却与康德分道扬镳。对哈贝马斯而言,康德论点的根基站不住脚,这关系到道德主体的不可证明观,其中包括祈求纯粹超越理性观,因此这些观念实质上陷入了对人类境况的形而上断言。对哈贝马斯而言,这是他称之为"独白式"理论化的标记。在这种理论化中,哲学家应该能够通过思索个体道德中介来获取道德真理。功利主义和契约论的伦理基础也遇到了同样的问题。这两种理论都包含据称是不言自明的理性、但却不能理性地得到证实的人类观。因此,哈贝马斯力图找寻确定道德观的其他方法,可以安全地在道德和伦理、善与正确之间进行区分。在话语中,哈贝马斯找到了这种方法,即对话而非独白的方法(参见埃德加,2006:44-46;哈贝马斯1990,1993;乌思怀特,1994:38-57;雷格,1994)。

哈贝马斯的话语伦理置于更宽泛的交际行为与理性的理论框架之内,这里不可能把它完全展开论述。但是,需要铭记在心的关键一点是,这种更宽泛的理论关涉到把各种(科学的及规范的)世界观的基础从超语言(经验的、逻辑的或形而上的)基础转移到交际过程本身。从这一视角看,观点有效与否,不是因为其反射外部真理,而是因为其是在公平讨论状况之下形成的一致看法。公平讨论本身的状况是交际预设中所固有的,譬如说,如果人们不断撒谎,如果某些人总是没有发言权或其思想总是被歪曲,那么交际就不可能成功地进行。在哈贝马斯看来,参与这种讨论,参加者必定依赖使得讨论成为可能的某些规则和假定。如果他们违背这些规则和假定,他们就是在做哈贝马斯称之为"述行悖论"的事情(譬如,在这个意义上,"我在撒谎"就是述行悖论)。只有在合理的交际可能的情况下,讨论才称其为讨论。合理的交际取决于没有强制和操纵,用哈贝马斯的话来说,这就是使"除了合作性探求真理的动机之外,其他所有动机"都无效的做法(哈贝马斯,1990:86)。

在道德理论的语境之内,哈贝马斯利用"述行悖论"这一概念,证明怀疑论者提出的观点本身就削弱了普遍道德原则不可能得到合理证明的那种怀疑论(譬如,他们依赖真相告知的普遍价值观,参见埃德加,2006:104–105)。哈贝马斯接着说,按照对有争议规范的论证过程进行预设的阐述,只有在"为了让**每位个体**的利益都得到满足而**普遍**遵守有争议的规范,其后果和副作用可以为所有人都**自由地**接受"的情况下,才可以同意这一规范(哈贝马斯,1990:90)。哈贝马斯将其称为普遍化原则,显然是视其发挥了跟康德的普遍化测试同样的作用。要想把任何规范视为真正具有道德性,这种东

49

西就必须站得住脚。因此,就产生了话语伦理原则。该原则即:只有那些符合(能够符合)实际话语参与者同意这一条件的规范方才有效(哈贝马斯,1990:90;穆恩,1995)。

哈贝马斯特别强调他的话语伦理原则是形式的,并不对道德规范的内容进行预先判断,后者需要通过实际话语才能确定。在这些话语中,道德理论家并不具备特殊地位,这跟他所批评的独白道德理论并不一样。但是,在上文的话语伦理原则中,括号里的"能够符合"表明,在原则上有可能对道德规范进行识别(或排除),甚至在没有发生真正道德讨论的情况下,也有可能做到这一点。哈贝马斯本人明确表示,不把他称之为"评价性"的观念作为潜在的道德规范。这些价值观念表述了与文化和身份有内在联系的善的生活概念,因此,他声称,在原则上,这些观念不能被理性地决定。此外,论点本身的预设关涉到保护所有参与者的权利以及不对相关人员进行强制或把他们排除在外。这种预设表明平等、自由和个体权利的原则,这些原则与人类的等级观念并不一致。

哈贝马斯认为,尽管所有人类社会中都普遍存在着交际理性,但是有些社会却更有益于识别其批评的可能性,并使之制度化。对哈贝马斯而言,在历史上有过集体性"道德学习"的过程。相比从前的社会形式,现代社会在道德上更为高级,因为它明确地把普遍化原则置于交际的内部。正如哈贝马斯所言,这种原则"像一把尖刀切断了"关于善的生活的评价论与关于普遍正确的规范论(乌思怀特,1994:58-67)。对哈贝马斯而言,对成功交际所做的预设提供了一种方法,从而把道德理性与某些生活方式区分开来,而无须取决于形而上的观念、人性论、预先假定某种道德原则的对错（沃恩克，1995）。

　　哈贝马斯的话语伦理把道德权威置于主体间同意的基础之上，这样做似乎把道德理论民主化了。对哈贝马斯观点的批评分为两大阵营。有些批评家把他的理论视为完全失败，要么是因为它陷入了其声称所要超越的康德的观点之中，要么是因为它立论的前提建立在有关交际本质或伦理本质的错误观念之上（这类批评家包括下面第三章讨论的美德、女性主义、后现代主义伦理理论家）。但是，也有许多评论家认为，道德原则普遍性的交际依据是一条有前途的路径，但他们认为哈贝马斯的交际伦理框架需要重新构建（比如，下文第五、八章讨论的本哈比。本哈比，1990,1992）。在这两大阵营里，批评都是围绕着哈贝马斯对交际和论证的预设及其实践性和可信性的程度而展开。在实践性方面，哈贝马斯本人也承认，让所有受到影响的人都具有同样受到尊重的声音，完全不存在外界强制和内部偏见，这种观念是一个在实践上永远实现不了的理想。这就很容易削弱他所声称的已经避开传统道德理论抽象性的观点。在可信性方面，常见的批评是，哈贝马斯对使交际成为可能的描述过于狭隘和理性化，过于受到交际实践认知模式的影响。在交际实践中，对某个理性主体和道德真理模式的假定，只有回到其所反对的实质性观念那儿才有可能成立（本哈比，1992:182–185）。

　　话语伦理的目的是避免对人性或超越理性的强硬描述。然而，很明显，话语伦理有些因素与契约论的同意角色密切对应，也与康德道义论的道德原则在形式上是普遍的要求完全对应。但是,从话语伦理者的视角看,这里有些不同的东西。重要的一点是,在个体作为理性的功利最大化者或个体能够识别纯实践理性要求的观念方面,道德理论中的**为何**问题并没有得到解答。相反,伦理观的权威在于交际理性,后者必定根植于主体内过程之中。这就意味着,思考道德问题的方法第一次与我们可以理性地期待他人在实际互动中接受关联了起来。这与在自然状态或原初状态的假设抽象过程中把我们的利益最大化不同,与独自把我们的准则赋予普遍化测试也不同。

思考题

设想在公平讨论的情况下,富国和穷国的公民在探讨当前全球经济不平等的合理性问题。这样的讨论一定会产生共识,从而对贫富者的财富进行重新分配吗? 这是声称道德价值观纯粹是主观的一种述行悖论吗?

–结论–

虽然以上讨论的所有伦理理论都是理性主义理论,但它们显然不是同样的理性主义,这就在其程序内涵和内容内涵方面产生了差异和共性。我们下面对这些差异和共性进行简要概述,并指出这里讨论的伦理理论在全球伦理文献中是怎样使用的。下一章转向与我们现在讨论的所有理论都有不同看法的最新观点, 并对这些理论视角进行全方位的比较性评估。

功利主义伦理和契约论伦理都认为,伦理来自一套有关个体的人性观念。在这两种理论中,个体作为有欲望的自然动物,拥有工具理性以及选择的能力,这一思想非常重要。但是,对于功利主义者而言,并没有赋予同意概念以特别的伦理重要性。相反,它的强调点在于所有个体都因渴望或恐惧所产生的后果方面。相比而言,契约论者把同意视为伦理原则合法性的关键基础,尽管他们内部在关于人类同意和接受的看法方面也持不同意见。在其理论中,功利主义者和契约论者都奉个体主义和平等原则为神明,但他们的做法却大相径庭。对功利主义者而言,个体平等意味着任何人的幸福都跟其他人的幸福同样重要,但幸福的聚合是最重要的东西。根据功利性原则,不存在可以相互协商的交换。相反,对于契约论者而言,个体平等的获取是在自然个体自由方面,这就为人所能同意的关系类型和做法类型方面设置出某些限定,也就为契约伦理论贴上了不可协商的个体权利标签。但是,在以上两种理论中,伦理取决于在人类有义务相互合作的语境内对个体利益的计算,在个体和更宽泛的人类之间并无预先存在的内在联系。

在康德的道义论伦理中,人类被设想为挣扎于天生情感和超越理性之间,并有能力依据二者之一而行为。在这里,我们发现有一种理性在发挥作用。相比功利主义和契约论的计算理性,康德的这一观念与上帝置于人类的自然法则宗教观更为一致。我们还发现对自由的一种理解,与契约论传统及其人是选择者观念中所特有的消极自由极为不同。康德的道德中介也是选择者,但他们并不在一系列的欲望之中进行选择,而是在是遵循自我立法理性的要求,还是根据欲望和喜好来行为之间进行选择。康德的伦理是以规则伦理为基础的,它与契约论伦理有一个共识,即个体身上存在一种不可协商的固有伦理价值。这就意味着,也可以将康德的伦理引向权利的道德语言这一思想。在这一方面,康德和契约论联合起来反对功利主义那种愿意以一些人的权利作为交换使其他人获利的基本观念。但是,康德最终强调的是道德法则固有**义务**的绝对性方面,而并非人们**权利**的不可剥夺性。

话语伦理可被视为把契约论与康德的道义论这二者结合了起来,前者强调的是契约,后者强调的是某些道德原则的绝对性、普遍性地位。在这一方面,跟契约论和道义论一样,话语伦理也是联合起来共同抵抗功利主义,焦点在于聚合的后果和伦理交换的可能性。但是,这里也有一种感觉,就是话语伦理把我们带入了一个不同类型的伦理世界。在这个伦理世界里,哲学家坐在轮椅里获取实质性伦理原则的能力受到质疑。在这一方面,话语伦理就为本章讨论的理性主义理论与下一章讨论的理论之间构架了一座桥梁。下一章的理论也对道德原则可以从抽象的哲学推论而来的思想进行了批判。

无论是单枪匹马或是联合起来,上述所有理论都对当代全球伦理的讨论产生了重大影响。譬如说,在功利主义思想的基础之上,辛格提出了重新分配全球财富的观点(参见第四章)。相对而言,罗尔斯则把他契约论中对国家内部的论述扩展到国际正义理论,在这一理论中,对重新分配经济的要求受到限制(参见第五章)。伯格同时汲取了契约论和道义论的思想,要求全球分配公平的强制性方案(参见第五章);弗罗斯特则汲取了话语伦理的思想,认为全球民主化是全球正义的先决条件 (参见第五章)。诺曼为和平主义提供了道义观,安斯康姆为战争的合理性提供了道义观(参见第六章),功利主义者和道义论者在把战犯绳之以法问题的道德重要性方面持截然不同的看法(参见第七章对奥兰德和贝拉米的讨论)。本哈比把话语伦理作为基础来应对移民的道德困境(第五章)以及全球化世界的文化价值冲突(第八章)。以上所有内容都会在下文进行阐释和探讨。如果读者能把握好某一全球性后果观点之下的伦理视角,就能理解这一观点,并对之进行评价。

-参考书目及深入阅读-

1.本哈比.S.“后记:沟通伦理和当前实践哲学中的争议”.参见《沟通伦理争议》,S.本哈比和F.多尔迈尔(编著),马萨诸塞州剑桥市:麻省理工出版社,1990:330-369.

2.本哈比.S.《定位自我:当代伦理中的性别、社会和后现代主义》,剑桥:政治出版社,1992.在本书的一系列文章中,本哈比赞同哈贝马斯沟通伦理的温和观点。

3.边沁.J.《道德与立法原则简介》,J.H.伯恩斯,H.L.A.哈特(编著),伦敦:梅休因出版社,1982[1789].

4.克波.D.(编著)《牛津伦理理论手册》,牛津:牛津大学出版社,2006.

5.戴维斯.N.A.《当代道义论》,参见《指南》,辛格(编著),1993:

205–218.这篇文章对道义论伦理理论的局限性进行了批评性探讨。

6.德赖尔.J.(编著)《当代道德理论探讨》,牛津:布莱克威尔出版社,2006.

7.埃德加.A.《哈贝马斯:关键概念》,伦敦:罗德利奇出版社,2006.本书涵盖了哈贝马斯的所有主要概念,其中包括"话语伦理"和"述行悖论"这两个重要概念。

8.弗里曼.S.《作为人际间道德基础的道德契约论》,参见《当代道德理论探讨》,德赖尔(编著),2006:55–75.作者赞同契约论,认为它在纯粹的利己立场和行为功利主义的纯粹公正之间筑建了中间道路。

9.弗雷.R.G."行为功利主义",参见《布莱克威尔指南》,拉福莱特(编著),2000:165–182.这篇文章对行为功利主义进行了概述。

10.格洛弗.J.(编著)《功利主义及其批评家》,纽约:麦克米伦出版社,1990.本书收录了探讨功利主义利弊的文章。

11.哈贝马斯.J.《话语伦理:哲学辩护方案笔记》,S.韦伯(尼克尔森和C.伦哈德特译,参见《沟通伦理争议》,F.多尔迈尔和S.本哈比(编著),马萨诸塞州剑桥市:麻省理工出版社,1990:60–110.

12.哈贝马斯.J.《话语伦理评述》,参见《辩护与应用》,C.克罗宁译,剑桥:政治出版社,1993:19–111.

13.希尔.T.E.《康德规范伦理》,参见《牛津手册》,克波(编著),2006:480–514.这篇文章对康德伦理进行了概述。

14.霍布斯.T.《利维坦》,R.塔克(编著),剑桥:剑桥大学出版社,1991[1651].

15.康德.I.《道德形而上基础》,J.W.埃林顿译,印第安纳波利斯:哈克特出版社,1981[1785].

16.克斯廷.S.J.《理性、情感与绝对命令》,参见《当代道德理论探讨》,德赖尔(编著),2006:129-143.作者赞同伦理的道义理性主义路径,反对从感觉或情感的视角对伦理进行考察。

17.凯姆里克.W.《社会契约传统》,参见《指南》,辛格(编著),1993:186-196.这篇文章对契约论作为一种伦理进行了概述。

18.拉福莱特.H.(编著)《布莱克威尔伦理理论指南》,牛津:布莱克威尔出版社,2000.

19.洛克.J.《政府论》,P.拉斯特编著,剑桥:剑桥大学出版社,1988[1690].

20.麦金太尔.A.《伦理学简史:从荷马时代到20世纪的道德哲学史》,伦敦:罗德利奇和凯根—保罗出版社,1967.关于霍布斯、康德、边沁、密尔的讨论,参见第十、十四、十七章。

21.密尔.J.S.《功利主义》,M.沃诺克编著,伦敦:芳塔纳出版社,1962[1861].

22.穆恩.J.D.,《实践话语与沟通伦理》,参见《剑桥哈贝马斯指南》,怀特(编著),1995:143-164.这篇文章对哈贝马斯的话语伦理进行了深刻论述。

23.诺曼.R.《道德哲学家:伦理学简介》,牛津:克拉伦登出版社,1983.关于康德和密尔的讨论,参见第六、七章。

24.奥尼尔.O.《康德伦理》,参见《指南》,辛格(编著),1993:175-185.这篇文章对康德伦理进行了介绍,其中包括对标准批评和潜在回应的思考。

25.乌思怀特.W.《哈贝马斯批评简介》,剑桥:政治出版社,1994.本书介绍了哈贝马斯的全部著述及其伦理理论与社会理论之间的关联,是一部极有价值的论著。

26. 佩蒂特.P.“后果主义”,参见《指南》,辛格(编著),1993:230-248.这篇文章对包括功利主义在内的伦理后果主义进行了概述。

27.佩蒂特.P.“契约理论能为道德提供根基吗?”参见《当代道德理论探讨》,德赖尔(编著),2006:76-96.这篇文章对契约论道德理论进行了批评回应。

28.罗尔斯.J.《正义论》,牛津:牛津大学出版社,1971.

29.雷格.W.《洞察力与休戚相关:尤尔根(哈贝马斯话语伦理研究》,伯克利:加利福尼亚大学出版社,1994.本书是专门研究哈贝马斯伦理学为数不多的英语著述之一,相对于其他伦理视角,它对如何定位哈贝马斯话语伦理特别有价值。

30.赛尔斯-麦科德.“契约论”,参见《布莱克威尔指南》,拉福莱特(编著),2000:247-267.这篇文章对不同类型的契约观进行了极有价值的概述。

31.斯坎伦.T.《我们相互亏欠什么?》,马萨诸塞州剑桥市:哈佛大学出版社,1998.本书是基于罗尔斯一些著述的契约论道德理论。

32.施内温德.J.B.“现代道德哲学”,参见《指南》,辛格(编著),1993:147-157.这篇文章对自16世纪以来欧洲思想中的现代道德哲学史进行了简要介绍。

33.肖.W.“后果主义视角”,参见《当代道德理论探讨》,德赖尔(编著),2006:5-20.这篇文章为伦理后果主义进行辩护。

34.辛格.P.(编著)《伦理指南》,牛津:布莱克威尔出版社,1993.

35.斯马特.J.J.C.和威廉姆斯.B.《功利主义:赞同与反对》,剑桥:剑桥大学出版社,1973.本书是赞同和反对功利主义作为道德理论所进行讨论的经典版本。

36.坦斯乔.T.《理解伦理:道德理论简介》,爱丁堡:爱丁堡大学出版社,2002.本书是极有价值的伦理理论简介,其中包括论述功利主义、契约论和道义论的章节。

37.瓦伦泰恩.P.“反对行为后果主义的最大化”,参见《当代道德理论探讨》,德赖尔(编著),2006:21-37.这篇文章对成熟的行为——功利主义观进行了批评。

38.沃恩克.G."沟通理性与文化价值观",参见《剑桥哈贝马斯指南》,怀特(编著),1995:120-142.这篇文章讨论了哈贝马斯在道德和伦理之间进行区分的方式,把哈贝马斯的观点——尤其——与沃尔泽的著述进行了关联。

39.怀特.S.K.(编著)《剑桥哈贝马斯指南》,剑桥:剑桥大学出版社,1995.本书收录的文章涉及哈贝马斯的全方位哲学著述。

第三章
对理性主义伦理的回应

-本章导读-

最近30年来,对于根植于理性主义道德理论中的**为何**问题,已经出现各种批评性回应。这些回应本身呈现出不同的形式,其中一些回应在批评上章讨论的道德理论的某些方面表现得较为激进。对我们这里所探讨的目的而言,这些批评极为重要,因为它们激发了全球伦理的思维方式,是这一领域正在进行讨论的一部分内容。但是,跟前面所思考的理论一样,这些批评视角在最初形成的时期,并非在思考全球伦理这一领域。本章的目的是要为这些伦理理论回应提供一个介绍性阐述,使读者能够反思其观点及其对道德判断本质和一般行为的意义。在接下来的篇幅里,我将列出伦理理论中与伦理理性主义持不同观点的三大宽泛视角,它们分别是美德伦理、女性主义伦理和后现代主义伦理。跟上章一样,本章的思考题有助于读者开始思索这些视角对本书后面部分将要讨论的全球伦理问题的含义。读者应该记住上一章提出的观点,即任何试图用特定术语把理论进行分类的尝试总会引发争议,而且永远不会包揽无遗。

-美德伦理-

美德伦理传统把伦理价值观置于性格特征。换言之，美德伦理学的出发点是从道德上判断什么样的人是好人，什么样的人是坏人，这跟从道德规则或原则出发的视角相对立。在许多宗教传统中，都可以看到美德伦理的观念。美德伦理通常被认为是思考是非的方法，历史上，这种方法在不同文化中都极为常见。在西方哲学里，美德伦理通常可以追溯到古希腊亚里士多德（公元前384—322）的思想那里（罗，1933）。作为对伦理的哲学描述，美德伦理在中世纪基督教思想中也极为重要，后者直接从亚里士多德著述中汲取思想。在更近的历史时期，可以在现代世俗道德和政治哲学中发现美德伦理。最近30年来，美德伦理昭然复苏起来，对功利主义、契约论和道义论这些理性主义伦理进行回应（安纳斯，2006；坦斯乔，2002：91-103）。

亚里士多德对不同类型人类生活的本质有着极为不同的理解（譬如，他对自由男人、奴隶和女人的灵魂进行了鲜明的等级划分）。亚里士多德认为，根据某人属于哪类人，就可以区分他是这类人中较好的人或是较坏的人。"较好或较坏"的标准内在于不同类型的人的本性所要实现的目的。亚里士多德尤为关注作为自由男性公民过上最佳生活意味着什么。他论述了自由人的繁荣关涉到培养节制、正义、慎重和勇气这些美德。在论述这些美德的意义时，亚里士多德认为它们根植于能够表述人所能拥有的最卓越的生活方式。每种美德的卓越性与维持稳定富足的城邦所需的东西这一观念密切关联。在这样的城邦里，(一些)男人负责对城邦进行正当的管理、保卫和加固。正是在这种语境下，亚里士多德的美德"中庸"思想才有意义。对亚里士多德而言，美德通常是在过与不足之间寻求一种中庸之法。譬如说，有人鲁莽到有勇无谋的地步，有人则懦弱无比。对亚里士多德而言，这两类人都比不上那些既有勇气又能够判断何时以及如何去冒险的人。节制和慎重是重要的美德，正是因为它们有助于调和极端，鼓励人们走上适当的中庸之道（麦金太尔，1967：57-83；诺曼，1983：37-55）。

从以上论述中可以明显看出，亚里士多德的伦理哲学是有语境的，因为他的思想根植于某种特定的生活方式，反映出他那个时代的社会等级制度。但是，若是在此基础上推断出亚里士多德认为他对美德的描述对语境之外的东西毫无意义，那就会大错特错。相反，亚里士多德认为，在个体和集体的层面，希腊城邦拥有人类生活和人类幸福的最高理想。因此，这是可以普遍适用的人类繁荣模式。而且，他的伦理哲学还包括超越具体语境的另一因素，即**实践智慧**①（通常译为"实践理性"）的概念。亚里士多德与其前辈柏拉图以及柏拉图记述的与自己老师苏格拉底争论的一点是，后面两位哲学家都认为，人们可以用数学的或形而上的真理的方式来实现伦理真理。相反的，亚里士多德对知识理性——我们在数学中可能使用到——与我们面对伦理选择时所运用的理性进行了清晰的区分。正如亚里士多德所言，年轻人拥有超越老

---

① 实践智慧(phronesis)指的是在确定目标及达到目标的手段中的智慧。——译者注

师的知识理性本领,这种现象并非非同寻常。然而,年轻人不借助于其所学东西,却能够表现出是非判断的良好能力,这种情况极为罕见(在古希腊,跟现在一样,数学方面总有神童,但却没有很多道德圣人)。正如亚里士多德所言,这证明了存在着一种独立的**实践智慧**官能,它来自教育和经验,而且与随着时间的流失人们性格的发展相关联。**实践智慧**显然与功利主义和契约论思想的工具理性①截然不同,并且还与康德道义论的"纯实践理性"截然不同。不能把**实践智慧**归纳为从不言自明的前提中演绎而来的推论,也不能把它归纳为是否为实际情况的经验观。**实践智慧**也不仅仅是靠个体沉思冥想而发展出来的官能,它是一种固有的社会能力,来自人类,并且对人类有贡献(关于实践理性的讨论,参见安纳斯,2006:516–519)。

我们看到,17、18世纪在欧洲复兴的美德伦理与功利主义和契约论伦理理论形成了对立。亚里士多德强调**实践智慧**的能力, 这与培养美德从而使我们能够区分是非是分不开的,而哈钦斯(1694—1746)和其他许多伦理哲学家则把道德置于"道德意义"之上,把每个人与普遍人类关联起来,使人看重自己及他人的美德。虽然哈钦斯这样的思想家与亚里士多德讨论的基础不一样,但他们在两方面立场一致,一是强调伦理的核心是美德而非功利性方面,二是在伦理个体与该个体身为其中一部分的群体之间所进行的关联方面。对哈钦

---

① 工具理性(instrumental rationalyty or instrument reasor)是哲学工具主义(instrumentalism)的一个术语。工具主义是一种实用主义哲学,主张有用即真理,成功证明手段合理,为达到目的可以不择手段。——译者注

斯而言,节制、勇气、慎重和正义位居伦理的核心,因为普遍而言这四样重要美德对于倡导公众之善极为必要。原则上讲,公众之善与人类本身的范围一样宽泛,这样一来,我们作为具体群体成员时的道德身份与我们作为人类成员时的道德身份之间,并不存在严格意义上的区分。这一主题在休谟(1711—1776)的道德理论那儿得以延续,后者也把伦理置于我们的美德感,尽管他的说法有所调整,认为我们的道德感是由亚里士多德称之为知识理性的东西滋养和培育出来的。

从18世纪后期到20世纪后期,道德哲学讨论从性格方面思考伦理转移开来,道德感的思想受到极大质疑。然而,在伦理和政治方面,美德伦理传统的深刻见解对功利主义、契约论和道义论的批评极为重要。黑格尔(1770—1831)汲取了亚里士多德的传统,对康德的道德理论进行了批评,认为后者把个体从社会和文化的大语境中抽取出来,而正是这些语境使得道德判断和行为具有意义。马克思(1818—1883)对资本主义制度下人的异化的论述受到亚里士多德概念的影响,他使用这一思想批评个人主义的工具理性、拥有权利的个体观,后者是契约论的核心思想。代之以道德哲学中对权利的极大关注,马克思赞同人类需求概念的伦理核心性(麦金太尔,1967:199-214;诺曼,1983:145-201)。

在20世纪后期的道德理论中,黑格尔和马克思这些思想家对理性主义道德理论所做的批评得以复兴。当代美德伦理家中最为著名的是麦金太尔,其著作《追寻美德》(1981)从亚里士多德的思想出发,批评了其他现代道义论、契约论和后果主义伦理传统(亚里士多德伦理在当代复兴的另一个例子,参见努斯鲍姆,1986)。自《追寻美德》出版以来,麦金太尔的著述已经激发了大量派生性文献,后者以不同的方式对这一思想进行发展。但是,麦金太尔最初论点的核心是:跟把道德争论置于从对人的理性或欲望的非语境描述而来的所谓普遍有效原则(他认为主要的道义论和功利主义就是这样做的)相比,美德对于区分道德是非具有更好的指导作用。美德之所以具有更好的指导作用,是因为美德已经根植于各种各样的社会语境和实践以及更宽泛的道德思想传统之中。"卓越"的标准已经建立在这些语境之内,这就好像下棋时游戏规则已经隐含其中一样。因此,对麦金太尔而言,在上文提到的美德伦理例子中,强调了个体和群体之间的联系,这样一来,伦理总是被视为具有语境。但是,不应该把"语境"一词理解得过于狭隘。在他最近的著述中,麦金太尔发展了一种与人类境况的一般性论述相关联的美德观。

如果我们要从最初的动物状态发展到独立的理性状态,如果我们要面对并回应自身及他人身上的脆弱和缺陷,我们需要的美德都属于一套同样的美德,即具有依赖性的理性动物的独特美德,其依赖性、理性和动物性必须在其相互关系之中进行理解(麦金太尔,1999:5)。

从上述引文可以明显看出,麦金太尔把**需要**的而非"正确"的概念作为伦理的根基。"需要"的含义及对其所做回应的责任根植于对人类繁荣的论述之中,麦金太尔视之为仅在某些群体中才有可能实现。与人类是理性的"选择者"模式构成鲜明对照的是,麦金太尔强调感情、脆弱和依赖性在人类生活中的重要性。他与美德伦理保持一致,反对把工具理性和康德的自我立法作为正确行为的关键，而重新提出了亚里士多德的**实践智慧**。**实践智慧**必须在与他人的相互关系之中培养出来，它使得判断和行为保持独立，但总是处于对理性和正确之事的限定已经毫无疑问的语境之中。麦金太尔的伦理理论中存在批评现状的空间，但却远离了边沁或哈贝马斯这些思想家等同于真正道德的那种最前沿的激进主义（坦斯乔，2002：91-105）。

在人类社会观和对**实践智慧**的理解方面，美德伦理都与功利主义、契约论和道义论这些理论存在着分歧（安纳斯，2006；彭斯，1993；斯洛特，2000）。对美德伦理者而言，不可能把个体从更广泛的群体中分离开来，伦理总是内在于人与人之间的体制和关系之中，尽管不同美德伦理者对这些关系所涉及的内容及把伦理限定在某些群体范围的程度持不同观念（比如，参见下文第四、五章谈到的努斯鲍姆和沃尔泽的对比）。从美德的视角看，把个人主义的个体作为伦理讨论的基本材料这一观念毫无意义。道德理性既不是纯理性的东西，也不是自我立法，而是一种依赖于经验和性格的能力，因此与你身为**何人**无法分开。因此说，对美德理论家而言，伦理是培养性格或善的生活，而不是把某一价值观最大化，也不是听从于规定性规则所表述的道德法则。

批评家特别关注美德伦理对于道德判断的意义。从美德伦理的视角看，道德判断总是有上下文语境的，并不存在公平的或超历史的标准，使用这些标准可以确定对道德困境所做的决定是正确还是错误的反应。从功利主义和道义论的视角出发，谈到人类的道德教育时，美德伦理有其地位，但它未能面对下面这样的问题：如果本身即为有问题的生活方式，那么在这种情况下，怎么可能确定其正确和错误与否呢？换言之，我们在美德伦理中能找到什么标准，对某些生活方式的固有做法——比如奴隶制（无疑，这是亚里士多德接受的做法）——进行道德谴责呢？我们将会看到，对伦理保守主义或沾沾自喜进行的指控，也是女性主义批评家对美德伦理提出的指控（关于美德伦理正反两方面的讨论，参见赫斯特豪斯，2006和德赖弗，2006之间的讨论）。

思考题

由于全球变暖及地球资源迅速被耗尽，我们这个星球面临着毁灭的威胁。对于这种局面，应该做出怎样的伦理回应方为合适？你认为美德理论家对这一问题的反应会与功利主义者或道义论者有所不同吗？

–女性主义伦理–

女性主义伦理是女性主义哲学的一个分支。女性主义哲学起源于对西方哲学传统的批评，因为女性主义者声称她们反映的是男性对女性、阳性对阴性、男人对女人的系统特权。这一批评从柏拉图和亚里士多德的古典思想一直延续到笛卡尔和康德的现代哲学那儿（弗里克和霍恩比，2000）。跟美德伦理一样，女性主义伦理向理性主义伦理对**为何**问题所做的回答提出批判。但是，不仅如此，女性主义者还质疑当代及古典美德哲学。女性主义伦理表现出各种各样的形式,但其中最具影响力的是"关怀伦理"。在接下来的篇幅里,我首先列出不同主流女性主义伦理理论的批评,接着详尽考察女性主义关怀伦理及其与其他女性主义伦理思潮的关系。

在上文考察亚里士多德美德伦理时,我们发现,亚里士多德把对人的等级理解包容于其善的生活观念之中。根据亚里士多德的描述,女人天生比男人劣等。在他的美德和人类繁荣的论述中,女人发挥着微不足道的作用。现代美德伦理并不赞同亚里士多德对女人劣等观的明确偏爱,但是,从女性主义观来看,美德伦理总体上还是继续推行对善的生活的论述,不承认女人的道德中介和价值,并且毫无疑问地存在着性别权利等级。女性主义对美德伦理表示不满的核心之处是美德伦理坚持美德根植于现有的做法和生活方式。对女性主义而言,这里的问题是很难确定对现有做法和生活方式进行质疑的标准。上述的"生活方式"即为主流文化时,这个问题就变得尤为敏锐,因为在很多情况下,主流文化压抑女性,贬低她们对善的生活所做的总体贡献。但是,尽管如此,我们将会看到,作为功利主义、契约论和道义论伦理的批评者,女性主义伦理和美德伦理有着诸多共同之处。关怀伦理与美德伦理也有更多实质性的共识。

女性主义是一种现代意识形态,其起源与支撑产生功利主义和契约论的同样历史过程密切相关。在这样的过程中,个体成为道德价值和道德观合法性的参照点。但是,从女性主义观来看,个体作为理性"选择者"的模式存在极大的问题。在功利主义者和契约论者看来,道德中介被描述为具有独立的工具理性，对自己的身体和能力都具有完全的判断力。此外,在契约论那里,个体通常或明确或含蓄地被视为拥有财产的公民和一家之主。女性主义者认为,这种个体观显然是以成年男子或成年男子集体的特定身份(白种人,身体健全,中产阶级)为前提的。这是因为,在这些伦理理论形成时,只有成年男子接近这一具体化的人的类型:永远不会怀孕,永远不会在体力上依赖别人,同时具有拥有财产的公民的法律地位和政治地位。被这些条条框框排除在外的,不仅有女人、儿童及属于其他类别的男子,还有人类生活的方方面面,其中依赖性和内在联系十分重要。在现代市场社会里,这些方面被划归到家庭**私有领域**,要么被完全视为理所当然,要么只有在其支撑了独立的**公共领域**(公民社会、市场和国家)时才有价值。女性主义者认为,这样的结果就是产生了对道德中介、道德观和道德判断的本质及范围的歪曲描述(科尔和库尔特拉普-麦奎恩,1992;特朗托,1993)。在奥肯对罗尔斯正义论所做的批评中,女性主义对契约论的批评得到了例证。奥肯认为,罗尔斯使司法对西方社会现有家庭结构获得正义是理所当然的(奥肯,1989)。

女性主义对道义论和话语伦理的批评也指向了支撑这些理论的人类观的一些缺陷。在这里,正是对**为何**问题所做的回答脱离了现实的理性主义才被认为有问题。对女性主义而言,康德和哈贝马斯使得西方传统中理性和情感的固定等级区分永存下来,即理性与男性相关联,而情感与女性相关联。经过研究,女性主义者认为,这种二元等级制根本站不住脚,因为它使用一系列的不可能性来确定何为正确之事,就注定了其道德观的失败命运。在康德那儿,道德判断不可能完全不受感情或后果的影响。在哈贝马斯那儿,所有受影响者在公平条件下进行讨论,不可能产生完全一致的同意。女性主义者认为,跟那些依据人性观并确定把所谓的"易动情感的"、"肉欲的"女人排除在伦理范畴之外的理论相比,这种把道德与抽象的、不能实现的"应该"关联起来的做法使伦理更为非物质化(坦斯乔,2002:106–110)。

从以上讨论可以明显看出,女性主义者对主流伦理理论的不满,不但来自主流理论对维护压抑女性的思想体系所具有的含义,而且还来自这些理论把伦理上重要的人类生活方面和道德价值来源排除在外的观念。在当代女性主义伦理的开山之作、吉利根的《不同的声音:心理理论和女性发展》(1993)一书中,我们可以看到这些因素都在起着作用。正如该书书名所示,吉利根撰写的这部书并非道德哲学而是社会心理学著述。在这部书中,吉利根使用女性道德理性实证,反对盛行的人类道德发展模式。在柯尔伯格的著述中,这种模式把道德成熟与道义伦理等同起来。柯尔伯格认为,(正如康德和哈贝马斯所言)当人有能力从环境中脱离出来并按照普遍道德原则行为的时候,他们就达到了道德成熟。只要个体继续从环境的特殊性中获得行动方向,那么他们的道德就不成熟。吉利根认为,尽管赞同道义伦理理性是道德成熟的标志,但在她研究的基础之上,还存在同样成熟的语境道德理性形式。她研究中的女性对道德困境做出回应,而不是把自己从环境之中抽取出来,寻求普遍的规则对行为进行控制,于是女性在相关道德参与者之间根深蒂固的关怀和责任关系的基础上做出决定(坦斯乔,2002:110-113)。较为著名的是,吉利根把道义理性指涉为表述"正义伦理",把语境理性指涉为表述"关怀伦理"。女性主义哲学家接受了关怀伦理的思想,把它作为伦理的一种方法,从而避免男权主义及被排除在主流伦理理论之外的做法(参见赫尔德,1993,2006a,2006b)。

跟美德伦理一样,关怀伦理也是有语境的、处于关系之中的伦理。但是,关怀伦理取代了古典美德伦理的核心美德及其与公共领域中人类繁荣的联系,把道德价值的来源置于公共领域所依赖的关怀的实践、关系和责任之中。因此,关怀伦理能够为统治公共生活的价值观提供一种批评视角,也能为私有领域的美德提供模式。在鲁迪克的著述中,可以看到关怀伦理的例子,她的观点建立在母子关系固有的美德之上(鲁迪克,1990)。鲁迪克的观点在两个方面例证了关怀伦理,其一,她把道德价值和道德判断的来源置于关怀工作中所固有的美德,其中责任和权力都没有得到平等分配。代之自然状态中"个体"处于同等的情境,这里是依赖和不平等;代之繁荣的公民作为伦理的目标,这里繁荣的人类本身就能够识别关怀的责任,并依之而适当地行为。其二,在鲁迪克的论述中,"理性"和"情感"并无清晰的区分,而是存在一种情感智力观,认为感情是成为道德完全之人的重要组成成分。鲁迪克从母爱的做法中列举出了一套价值观和美德,她称之为"母性思维"。鲁迪克认为,这些价值观和美德也应该指导我们的行为朝向公共领域和私有领域中关系更为遥远的他人,她的伦理尤其应该用于战争与和平的问题。在这样的伦理中,需求、责任以及敏感的语境判断力非常重要,并不强调伴随抽象理性的权利和义务。

女性主义及其他伦理对关怀伦理的批评主要来自两个方向：道义论或后现代主义（关于女性主义对关怀伦理的这些批评，参见格里姆肖，1993和贾格尔，2000中的例子）。从道义论来看，关怀伦理的语境论消解了道德和伦理的区分，因此，它犯了跟传统美德伦理同样的错误——把正确的等同于善的，因此与某些道德观固有的普遍性相矛盾。比如，关怀伦理受到的批评是它把道德义务的界限设定在对之承担关怀责任的那些人那儿。而且，人们还认为，对关怀的评价有把现有劳动性别分工的批评根基转移开来的危险，这样一来，也加大了区分私有领域和公共领域之间的危险，而这一区分维持了性别权力关系。因此，许多女性主义者高举着"正义伦理"的旗帜，反对吉利根的"关怀伦理"。奥肯就从女性主义视角批评了罗尔斯的契约观，但她把罗尔斯的观点扩展到私有领域。"正义"女性主义者尤为反对因女人生育孩子而赋予她们某种道德特权的观点（奥肯，1989）。

对关怀伦理的第二个批评在后现代主义批评家那儿也很常见。后现代主义批评家抱怨说，关怀伦理有把现代西方社会所特有的、事实上极为特殊的家庭关系的社会—历史模式普遍化的危险。这些批评家并不指控关怀伦理过于特殊，而是把它视为过于普遍，原因在于关怀伦理把女性和女性价值的本质和体验普遍化的方式（参见下文）。但是，尽管存在上述批评，在有关道德理论的讨论中，关怀伦理要比其他女性伦理观的框架更为鲜明。尤其从美德伦理视角看，关怀被视为一个潜在和谐的方式。麦金太尔在他后来的著述《依赖的理性动物》(1999)一书里高度赞扬了关怀伦理,说它抓住了人类脆弱和依赖的道德意义,把母性关爱作为一种做法,对美德的总体发展非常重要。

思考题

契约论者、功利主义者和道义论者把人等同于男人吗?设想在道义论者和女性主义者之间展开了一场关于对侵略国家实施经济制裁对错与否的讨论。你认为对于这种国际行动,在进行伦理评判的时候,道义论者和女性主义者会有怎样相同或不同的看法?

–后现代主义伦理–

美德伦理和女性主义伦理与伦理理性主义的分离,在于其设立伦理理论根基的方式。但是,二者都具有两大特点,这两个特点在上章讨论的理论中都是内在固有的。第一,二者都认为,有可能奠定普遍伦理根基,而且还可能确立从伦理上讲区分是非对错或优劣好坏的基础。第二,二者都假定对道德中介的理解,在这一理解之中,道德主体是一个连贯统一的实体,能够知晓并去做正确之事。到目前为止,讨论的所有伦理理论都拥有这两大特点。这两大特点正是后现代主义视角进行激烈批评的目标。

"后现代主义"是一个颇有争议的词语。这里以具体的、规定性的方式对该词加以使用。"后现代"一词最初用来描述一种兼收并蓄各种风格的建筑形式,以此向"现代主义"建筑的统一理性主义发出挑战。该词后来被用来描述20世纪晚期工业市场社会的特点,这一社会已从社会和经济组织的集中、大规模方式转向更为零碎、非集中的形式。此外,"后现代"还被用来指哲学和社会理论中反对那种认为存在普遍有效标准来确定世界真理的思想(莱昂塔德,1984)。在本书中,我使用该词涵盖向各种基础主义发出挑战的一系列伦理思想。伦理基础主义包括所有认为道德判断存在一个本质根基的伦理理论,比如,对人性或人的理性真理的道德判断即为如此。把后现代主义作为对基础主义的批评,其中一位奠基者就是哲学家尼采(1884—1900)。在《论道德宗谱》一书里,尼采提出,功利主义和道义论基础主义道德观把道德的本能性(相对于理性而言)起源掩盖在弱者和穷人对权势者和富人的憎恨之中(尼采,1994)。当代后现代基础主义批评家包括后结构主义思想家德里达[1](克里奇利,1992;德里达,1992,1997)和巴特勒(巴特勒2004a,2004b,2009;洛伊齐多,2007:45-86)以及实用主义思想家罗蒂(1989,1993)。

在上述所有思想家那儿,其主流哲学和伦理批评背景之下都有着极为复杂的政治和哲学历史,只有在这儿才可涉及一点(施罗德,2000)。这些思想家都对如下观点提出批评:伦理可被赋予理性基础,道德观具有真理地位,存在着与做

---

① 雅克·德里达(Jacques Derrida),1930 年 7 月 15 日生于阿尔及利亚,2004 年 10 月 8 日卒于法国巴黎,法国著名哲学家,解构主义代表人物。德里达去世后,法国总统希拉克在一份声明中说:"因为他,法国向世界传递了一种当代最伟大的哲学思想,他是当之无愧的'世界公民'。"——译者注

"人"相关的某些固定的本质特性。这些思想家反对上述观点，不仅仅是因为其所蕴含的哲学难题，而且还因为这类假定被认为有内在的危险。对后现代主义而言，这些观点积极地促成了现代性的弊端，这包括世界大战、造成大量破坏的技术、殖民化、种族灭绝以及即将到来的生态灾难。功利主义和道义论伦理尤被用作例子，来说明现代主义伦理的误导性以及充满危险性的特征。在功利主义那儿，这是因为它愿意为了更大的利益而牺牲少数人的幸福；在道义论那儿，这是因为其形式主义和普遍性。我们将首先考察后现代主义反对伦理基础主义的理由，然后再从积极意义方面，探讨在何处舍弃了后现代主义伦理。

后现代主义认为，对伦理理论中的**为何**问题所做的任何回答，总是通向解构主义。这是因为，无论是在程序理性和经验证据方面，还是在对某些不言自明的人性或善的生活理论的呼吁方面，所有这类回答都无法得到解释。换言之，总是有一种毫无根据的假定在起着作用，这一假定违背了获得基础的观念。因此，后现代主义认为，基础主义理论要么自相矛盾，要么陷入到无限退化的逻辑之中，其中对更高一层的权威而言，呼吁总是极为必要，因为这样才能使正在提出的基础主义观产生效果。这类批评观并不太新颖。我们已经看到，有些伦理理论批评家通常攻击这些论点的基础前提。比如，康德的普遍性测试从一开始就受到批评，说它依赖于对某些情境和后果的参照，后者歪曲了以道德法则名义得出的抽象普遍性观念。与后现代主义批评的不同之处是，这些批评家认为问题并非是某些基础的失败，而是普遍基础的失败。罗蒂认为,对于现有的道德理论而言,期望能够以对待其他世界观的方式来对待道德观,即可以证明出其真伪。但是,他还认为,这种期望基于对任何真理观在实践层面如何得以证明错误与否的理解。

对罗蒂而言,实际上,只有在作为具体社会建构"语言"的一部分或是理解世界的方式时,情况是何的真理观与情况应该为何的道德观才有意义。在罗蒂看来,力图通过理性论证或指向经验主义的证据或不言而喻的首要原则这种方式,使人们相信你的道德观,这是一种根本性错误(罗蒂,1989,1993)。他人为了分享你的道德观,就必须分享你的意义世界,而意义世界并不取决于外部的证明。罗蒂的观点只是后现代主义关于语言和意义来源观的一个例子。德里达的语言及意义理论极为不同,但有一点与罗蒂是相同的,即我们世界观里的任何权威寓居地总是虚幻的。这种语言描述显然与哈贝马斯的交际观相矛盾,伦理普遍概念在后者那儿是预设的(博拉多利,2003;克里奇利,1992;希尔,2007)。

在现代伦理理论基础方面,后现代主义特别把这些理论所依赖的人类主体思想作为批评的目标。跟女性主义批评家一样,后现代主义批评家已经指出,功利主义和契约论伦理所谓的"自然"人,实际上反映出从特定历史环境而来的关于人的本质断定,因而反映出来的是一些而非另外一些利益和身份。这不仅产生了虚假的普遍化,而且总是不能公正地对待人类主体的复杂性及人的中介基础。后现代主义对道德主体的批评力图从两大方向来阐明其主流论述。一方面,与美德伦理和女性主义伦理的观念一致,后现代主义指出,实际上,非但不能把个体相互孤立开来对其进行定义,也不能把它生于其中、并在其中活动的社会和语言的意义体系孤立开来。在后现代主义看来,道德主体是"理性的选择者"或"自主的"这种观念是一种虚幻,极大高估了人作为自身判断、语言和行为创造者的能力。另一方面,后现代主义(尤其是后结构主义理论)也特别认真看待心理分析。这意味着,道德主体被理解为内在的复杂、矛盾、分裂。从霍布斯或边沁的视角来看,欲望是个简单的事情,是一种我们可以意识到的驱动力,我们可以理性地对之进行管理和指导。后现代主义的主体具有下意识,但没有完全的自我知识,更甭提完全自我指导的能力了(劳曼,1993:62–81)。

但是,后现代主义对伦理理论的批评超出了基础主义的批评范畴。问题不仅仅是理论家实际上并不能证明他们对**为何**问题所做回应的权威性,而这一假定的暗含之意是他们能够证明这一权威性。我们已经看到,对功利主义、契约论和道义论的现代道德理论而言,能够把伦理置于理性根基之上原则的意义在于,这样能为实际的道德价值观和规则的批评性评价提供一个依据。总体而言,包括话语伦理和女性主义伦理在内的伦理理论已经在寻求能够确立不同道德定位或行为进程的判断方式。从后现代主义视角来看,这一工程才是根本问题,因为他们认为这一工程最终寻求的是把对道德确定性根基的权力和控制合法化。根据后现代主义的论述,这一趋向交织在功利主义、契约论和道义论的论述之中,其中道德主体被设想为知晓自己的目标、具备是非观念并能采取相应行动的自主参与者。从后现代主义的视角出发,理性主义道德理论及其间的人类自主的那种虚幻性极大地产生了现代性的弊端,其方式是滋生了通过知识进行控制的可能性幻觉(鲍曼,1993:16–36)。

因此,期冀思考伦理的后现代主义理论家所面临的挑战是构建一个反基础主义论点,这个论点要避开证明的程序化及实质性依据。后现代主义理论家把确立伦理判断依据的**不可能性**作为伦理思考的出发点,以此对上述挑战进行回应。这种不可能性的含义以不同的方式得到阐明。许多后现代伦理理论的一个重要参照点是列维纳斯(1906—1995)的哲学,他把伦理关系——对他人公正的那种绝对的、不可能的义务——作为其道德思想的核心(鲍曼,1993;克里奇利,1992;施罗德,2000:391–393)。对于一些像巴特勒这样的理论家而言,确立伦理的不可能性使人关注到,在道德观地位被认为肯定不稳固并且可以进行调整之时,中介和判断的伦理是如何转移开来的。对于另外一些像罗蒂这样的理论家而言,确立理性伦理的不可能性使人们的注意力转向了把情感作为道德信仰稳定物的重要性。在这两种情况下,这些论点都关涉到要重新肯定伦理交际的意义,但支撑它的交际观却跟我们在话语伦理中看到的交际观完全不同。

巴特勒对第一类反应进行了例证。她认为,因为只能使用特定词语才能表达和理解任何伦理普遍性观点,而这些观点总是取决于某些例外情况,因此未能兑现其普遍性承诺。巴特勒把这一观点应用到普遍人权的思想,指出那些声称为普遍权利的东西总是假定出来为"人"的特定模型。比如说,在《人权普遍宣言》中,婚姻和家庭普遍权利就假定人都是异性恋。但是，并非所有人都把自己视为异性恋者，这意味着，声称具有普遍性的权利实际上并不能包含整个人类范畴，这种情况通常会对如何对待这种人类范畴产生严重的后果。在阐明这一观点对伦理的意义时，巴特勒认为，这意味着道德判官和道德行为者应该总是从道德谦卑的定位出发，也就是说，心甘情愿地把自己的道德信仰置于让人质疑的地位。

这一点表明，伦理并不是你持有的观点，而是你持有观点的方式以及这种方式对你与持不同观点的他人互动时产生的意义。巴特勒认为，认识到普遍伦理观必定会失败，就有必要关注不同类型的人表达和理解普遍性的不同方式。在这方面，她提出了"文化翻译"伦理的概念，认为通过这一伦理，不同伦理观之间的差异与共性有可能得到识别和协商。但是，跟话语伦理的交际论相比，文化翻译并非是在公平讨论的情况下达成一致意见，而是拓展普遍性的理解范围，从而在与其他观点互动的情况下构建新型的、总是可以调整的理解。（巴特勒，2004a：17—39）。

对罗蒂而言，伦理不可能得到理性的确立，这使他关注到下面的问题：既然存在这种不可能性，那么人们为什么持有自己的伦理信仰，把它们当作千真万确的呢？罗蒂再次使用普遍人权的例子，提出这一问题：如果我们不能参照可以证明的人性观或理性观，那么"人"的这种范畴怎样产生意义？在他看来，答案在于，人权中的"人"这一概念是确立在特定历史的**自由主义**生活方式之中的。由于各种偶然的历史原因，个体权利观根植于社会之中并成为休戚相关的基础。巧合的是，在自由社会中，人们相互之间休戚相关的基础是他们都身为人类,而非他们属于哪类人。罗蒂认为,要想让非自由主义者也接受"人"的观念,就有必要把非自由主义者所感觉到的休戚相关世界从某一部落、性别或国家拓展到人类这样的范畴。在罗蒂看来,理性不能确立这样的转化,但是,使用故事鼓励人们同情那些跟他们不一样的人,从而削弱他们之间的差异,这样就可能拓展人类休戚相关的范围。因此,罗蒂以一种颇为奇特的方式回到了18世纪美德伦理的道德情感观念那儿,但在这里,这种道德情感是一种构建出来的关系感情,而不是把个体的人与普遍的人关联起来的某种内在的官能(罗蒂,1993)。

后现代主义批评家的伦理观通常呈现出两种形式。后现代主义者要么被指控消除了对**为何**问题的根本性回答,要么被指控只是削弱了伦理的可能性,因而使"怎样都行"的伦理路径合法化。这种路径根本不可能区分道德是非,我们只能止于伦理虚无主义的局面。在后一种批评中,当然是后现代主义削弱了可能存在的可靠区分标准,但这并不意味着区分是不可能的或者说不合适的。显然,许多后现代主义理论家视自己在把"理论"从现代理性主义路径的错误中**解救**出来。这一点表明,第一条批评即使是真实的,但却不清楚后现代主义对**为何**问题的回答,与此前我们看到的回答所呈现的形式是否一样。但是,值得注意的是,后现代主义伦理确实回应了我们此前在话语伦理、美德伦理和女性主义伦理中看到的主题。在对主流功利主义、契约论和道义论所做的批评中,所有这些路径有着诸多共同之处。此外,跟美德伦理和女性主义伦理一样,后现代主义伦理关注语境及在具体情况下对伦理进行判断的方式,这表明伦理讲的是情境、特征和态度,而不是规则或后果。而且,后现代主义反对"单一逻辑"道德理性,也是顺沿着话语伦理的思路,把交际带到了前沿,使之成为解决所谓的普遍伦理判断独特性的方式。

思考题

1.后现代主义认为,功利主义伦理和契约论伦理所做的个体理性假定极其危险,这种看法正确吗?

2.道义论者认为,个体必须为诸如战争罪行这样的行为负责。从后现代主义视角出发,你认为这种思想具有伦理意义吗?

-结论-

跟第二章中探讨的理性主义伦理理论一样,本章考察的各种视角在全球伦理讨论中影响甚大,美德伦理尤为如此。在美德伦理中,有些观点特别强调置于具体群体之中的伦理与美德之间的联系。美德伦理一直是全球伦理理性主义讨论的最主要的批评来源。尽管女性主义伦理和后现代伦理只是在近期才进入该领域,但作为理性主义的反动,它们也变得越发重要起来。在接下来的章节中,沃尔泽和努斯鲍姆以不同的方式依据美德伦理的深刻见解,对功利主义和道义论的全球正义观展开批评,并提出其他解决方案。在第四章中,罗滨逊基于女性主义的关怀伦理观,倡导援助和发展政策的伦理路径，埃德金斯汲取关怀伦理和后现代主义伦理思想，对人道主义伦理进行批评。在第五章中，罗蒂使用后现代主义观削弱了全球分配公平是可能的这一思想。在第六章中，坎贝尔基于后现代主义思想，提出了战争伦理路径，肖伯格则从女性主义伦理汲取的正义战争论出发，提出一种新型正义战争论。在第七章中，我们还会看到美德观、女性主义和后现代主义对**战后**正义的重要性思考。在第八章中，本哈比汲取美德伦理和女性主义伦理以及话语伦理的远见卓识，探讨全球化世界中伦理价值观冲突的伦理路径。但是，在进入这些方面之前，我们有必要先停下来思考一下上述讨论的内容。

在这两章，我们考察了伦理理论的根基，并涉猎了思考伦理的其他方式的根基和意义。在接下来的几章里，我们还可以看到这些视角，有时候它们会一起出现共同来应对全球伦理问题。这里涉及的所有视角都关系到一个尚未开拓的哲学领域，尚未很好地对之进行处理。概括而言，我们要注意一些重要讨论，这些讨论源自上述理论对伦理的基础、程序及实质性内容所产生的分歧。

–基础问答–

问题：是否存在人类基础的真理？如果存在，我们就可以使用这些真理确立伦理理论。

答案：功利主义、契约论、道义论及美德伦理都以不同的方式表明存在这样的真理，但女性主义和后现代主义却反对这种观点，认为无论是何还是为谁都有着性别区分，并且还是碎片化的。

问题:伦理基于理性吗？若是这样的话,是何种理性?

答案：功利主义和契约论都赋予工具理性在伦理中的重要作用,这与康德道义论的"纯实践理性"和哈贝马斯的交际理性构成对照。美德伦理的**实践智慧**是另外一种理性,但这一次是与他人的关系纠缠在一起,并与休戚相关的情感相关联。对于罗蒂这样的思想家而言，让人们持有道德观的是情感而非理性;人们持有这些道德观,就好像它们是真实的一样。

问题:伦理是置于个体还是社会之中?

答案:关于这一点,功利主义、契约论和康德的道义论显然与话语伦理、美德伦理、女性主义和后现代主义伦理的观点相对立。对前者而言,个体从伦理上讲是原初的,是其他东西跟随而来的基础材料。对后者而言,在与他人的关系之外,个体并不具道德性存在。但在如何理解这种社会性方面,这些理论家之间却存在着差异。哈贝马斯强调交际的主体间性,鲁迪克则强调关怀关系。美德伦理通常指向诸如城邦这样的社会或理想的社会主义社会,后现代主义则祈求多种可能的休戚相关关系。

–关于程序的问题–

问题:哪种路径是弄清楚道德上正确之事的正确路径?

回答:理性主义道德理论的程序把抽象化和普遍化作为检验道德判断正确性的方法。在所有的情况下,要求道德判官脱离其自身及自己的情境,代表每个人进行推理。在契约论和道义论那儿,这关涉到一套复杂的假想步骤,人们想象自己处于自然状态或者其行为准则已经成为普遍的道德法则。相比而言,话语伦理(至少在理论上)、美德伦理、女性主义伦理、后现代主义伦理要么强调**实践智慧**,要么强调与他人的实际交际。

–关于实质性内容的问题–

问题:我们应该从原则、规则、实用性(欲望的满足)、美德这些方面来思考伦理吗?

回答:这个问题一方面把功利主义与其他理性主义理论割裂开来,另一方面把理性主义者与反理性主义者割裂开来。对功利主义而言,伦理是某一价值观(幸福——被认为是普遍价值观)的最大化,(康德和哈贝马斯)契约论和道义论则坚持某些原则的优先性,譬如要优先考虑同意或尊重他人权利的原则。美德伦理、女性主义伦理和后现代主义伦理都认为,某些价值观或存在方式对伦理极为关键。跟实用性不同,美德在伦理上并不具有价值,并非因为美德是人类渴望的东西,而是因为美德本身即为善。

问题:伦理是关于需求、权利和责任吗?

回答:关于权利与需求,最明显的分歧发生在契约论与美德和关怀论之间,前者视权利为核心,后者视需求为核心。这种分歧的关键点在于对这些理论始于人类状况所做的描述。对契约论者而言,起点是自由的、具有工具理性和欲望的个体,此人与其他任何人都同样重要,具有同样的能力。对于美德和关怀伦理家而言,出发点则是陷入到不平等、依赖和责任这些关系之中的人。此人需要某些东西才能繁荣起来。这意味着美德和关怀伦理也与这些关系中固有的责任有着极大关系,但其方式与康德的方式极为不同,后者制订一种绝对责任,从而遵守位居他的道德理论核心的道德法则。

问题:我们能对"伦理"和"道德"加以区分吗?

回答:这个问题指向了上一章和本章所讨论的理论之间的根本性分歧。对于理性主义理论而言,对道德所做的界定与普遍性关联在一起,也与某些做法、语言和生活方式之外的立场关联在一起。从这一立场出发,可以对后者进行批评质疑。理性主义理论指控那些不对道德和伦理加以区分的人,说他们本质上极为保守。我们已经看到,这是女性主义对美德伦理的关注以及女性主义在关怀伦理方面产生分歧的一个原因。但是,与这一立场相反,美德伦理、关怀伦理、后现代主义伦理都认为,普遍性思想和"之外的立场"是一种幻觉。不仅如此,这还是一种危险的幻觉,因为它使得实际上狭隘的、具有具体历史价值观和原则的东西貌似具有普遍意义。

在接下来几章有关全球伦理的讨论中,上面提出的所有问题都会反复出现。在我们继续考察对这些问题的思考时,需要把以下几点铭记在心。首先,伦理观通常反映的是置于伦理理论之中的关于人类和人类理性的深刻而又对立的观念。在讨论全球分配公平和战争伦理时,我们会看到这种情况的实例,譬如功利主义和道义论理论家所采取的不同观点(第四章关于援助伦理的讨论,辛格与奥尼尔持有不同的看法;第七章中关于**战后**正义的要求,贝拉米与奥伦德的看法也不一样)。其次,有时候,伦理理论家出于**不同**的原因,却得出**相同**的结论,这一点更加令人困惑。譬如,关于全球贫困的错误及解决这些问题的必要性,(第五章讨论的) 努斯鲍姆和伯格得出了极为相似的结论,但前者的论点是从美德伦理那儿来的人类之善的概念,而后者的论点是从道义论和契约论二者结合而来的普遍人权观。再次,由于对伦理传统存在争议,并且可以有着不同的诠释,也可能出现下面这样的情况,即伦理理论家汲取的是同样宽泛的伦理视角,但却采用了不同的方式。譬如,上文已经提到(第五、六章讨论的)沃尔泽汲取的是美德伦理观点,但强调的却是道德群体、做法和价值观的相对独特本质(第四、五章讨论的),努斯鲍姆汲取了美德伦理更具普遍性的观点,这对两位理论家针对全球分配公平得出的结论具有重要的意义。最后,还有必要注意到,伦理理论家通常在一个论证中结合不同的伦理理论。譬如,在第五章对全球分配公平的讨论中,我们看到以契约论和美德为基础的结合,用来证明对公民具有特殊的正义责任这一思想(米勒、沃尔泽),还看到契约论和道义论的结合,它们以权利为基础支持全球再分配观(伯格)。

随着讨论的深入,作为读者的你需要反思一下自己对人类和人的理性的深刻见解,以及这些见解如何塑造并影响了你对全球化引发的某些伦理问题的看法。对于全球贫困、全球变暖、政治暴力这些问题"应该如何做"的看法,正是思考全球伦理问题的冰川之尖。冰川剩余部分是这些看法后面潜在的原因、它们的根据以及它们与构建这一领域学术讨论的其他伦理理论相互关联的方式。如果你认为全球财富应该再分配,那么这种再分配是在功利主义、道义论、美德还是在女性主义的基础之上进行呢?实质性伦理观之下的伦理假定相互一致吗？会不会今天你是个功利主义者,到了明天又变成了后现代主义者呢？你的分配公平伦理观与你的战争伦理观一致吗？你能接受你的伦理观的规定性意义吗？如果你的原则告诉你应该放弃所有的奢侈品,你会这样做吗？如果做不到的话,这意味着你需要重新检讨你的原则吗？在阅读本书的过程中,这些都是读者需要不断扪心自问的问题。

－参考书目及深入阅读－

1.安纳斯.J.《美德伦理》,参见《牛津手册》,克波(编著),2006:515-536.这篇文章对美德伦理进行了概述。

2.鲍曼.Z.《后现代伦理》,牛津:布莱克威尔出版社,1993.本书提供了后现代主义伦理观的一个实例。在本书中,鲍曼依据列维纳斯的伦理观,论证了在道德基础主义缺席的情况下道德责任的可能性。

3.博拉多利.G.《恐怖时代的哲学:对话尤尔根(哈贝马斯和雅克·德里达》,芝加哥:芝加哥大学出版社,2003.本书对哈贝马斯与德里达思考伦理和政治的方式进行了对比。

4.巴特勒.J.《消除性别》,伦敦:罗德利奇出版社,2004a.本书阐发了后现代主义伦理观,依据对有关人的普遍道德观排他性的批评,主要关注的是性别与性爱。

5.巴特勒.J.《朝不保夕的生活:哀痛与暴力的力量》,伦敦:弗索出版社,2004b.本书中的文章主要关注与战争和暴力相关的伦理问题以及有些生命(死亡)被视为极为重要而有些却被视为无关紧要的方式。标题为"朝不保夕的生活"的文章涉及了列维纳斯的思想。

6.巴特勒.J.《战争的架构》,伦敦:弗索出版社,2009.在本书中,作者进一步发展了《朝不保夕的生活》一书中所阐发的观点。

7.科尔.E.B.和库尔特拉普——麦奎恩.S.(编著)《女性主义伦理探索》,布卢明顿:印第安纳大学出版社,1992.本书收录了有关早期女性主义伦理的文章,其中有对关怀伦理与正义伦理的争论展开的讨论,因此是一部极有价值的论著。

8.克波.D.(编著)《牛津伦理理论手册》,牛津:牛津大学出版社,2006.

9.克里奇利.S.《解构主义伦理》,牛津:布莱克威尔出版社,1992.本书考察了德里达思想的伦理意义及列维纳斯的观点对其产生的作用。

10. 达沃尔.S.(编著)《美德伦理》,牛津:布莱克威尔出版社,2003.本书包含有对亚里士多德、哈奇森、休谟和麦金太尔著述的节录。

11.德里达.J.《法律的力量:"权威的神秘基础"》,参见《解构主义与正义的可能性》,D.康奈尔、M.罗森菲尔德和D.G.卡森(编著),纽约:罗德利奇出版社,1992:3-67.该文极为难解。在这篇文章中,德里达对伦理、政治和法律中的基础主义提出批评。在德里达看来,如果没有暴力来阻断就会是无限倒退,就不会有伦理权威观。

12.德里达.J.《世界主义与宽恕》,伦敦:罗德利奇出版社,1997.本书是较易进入德里达著述的一部论著。在本书中,德里达赞同脱离最高权威的基础而力求对他人要求的无条件责任的伦理重要性。

13.德赖尔.J.(编著)《当代道德理论探讨》,牛津:布莱克威尔出版社,2006.

14.德赖弗.J.(编著)《美德理论》,参见《当代道德理论探讨》,德赖尔(编著)(2006),2006:113-123.这篇文章对美德理论提出批评。

15.弗里克.M.和霍恩比.J.(编著)《剑桥女性主义哲学指南》,剑桥:剑桥大学出版社,2000.本书收录的文章涉及女性主义哲学的一系列著述。

16.吉利根.C.《不同的声音:心理理论与妇女发展》(第二版),马萨诸塞州剑桥市:哈佛大学出版社,1993.本书提出女性主义伦理作为道德哲学独特分支的思想。

17.格里姆肖.J.《女性伦理思想》,参见《指南》,辛格(编著),1993:491-499.这篇文章是关怀伦理女性主义批评。

18.赫尔德.V.《女性主义道德:革新文化、社会与政治》,芝加哥:芝加哥大学出版社,1993.本书提供了女性主义道德理论中关怀伦理观极有价值的样本。

19.赫尔德.V.《关怀的伦理:个人、政治与全球》,牛津:牛津大学出版社,2006a.本书提供了应用于社会和政治生活各个方面的女性主义关怀伦理的样本。

20.赫尔德.V.“关怀的伦理”,参见《牛津手册》,克波(编著),2006b:537-566。这篇文章对女性主义关怀伦理进行了介绍性概述。

21.希尔.L.《剑桥雅克·德里达简史》,剑桥:剑桥大学出版社,2007.本书对德里达的著述进行了基本性介绍,通俗易懂。

22.赫斯特豪斯.R.《美德是伦理理论的合适出发点吗?》,参见《当代道德理论探讨》,德赖尔(编著),2006:97-112.这篇文章为美德理论进行辩护。

23.贾格尔.A.《女性主义伦理》,参见《布莱克威尔指南》,拉福莱特(编著),2000:348-374.这篇文章对女性主义伦理进行了介绍性概述。

24.拉福莱特.H.(编著)《布莱克威尔伦理理论指南》,牛津:布莱克威尔出版社,2000.

89

25.列维纳斯.E.《伦理与无限》,R.A.科恩译,匹兹堡:迪尤肯大学出版社,1985.本书和下面接下来的那部书是列维纳斯对他人的绝对责任伦理的实例,对各种后现代主义伦理思想家特别重要。

26.列维纳斯.E.《异己与超越》,纽约:哥伦比亚大学出版社,1999.

27.洛伊齐多.E.《朱迪斯(巴特勒:伦理、法律、政治》,阿宾顿:罗德利奇—卡文迪什出版社,2007.本书对巴特勒的思想进行了诠释,尤为关注她的伦理视角。

28.莱昂塔德.J.–F.《后现代主义处境:关于知识的报告》,曼彻斯特:曼彻斯特大学出版社,1984.本书对后现代主义的含义进行了明确阐述,对把后现代主义识别为独特的思维方式特别重要。

29.麦金太尔.A.《伦理学简史:从荷马时代到20世纪的道德哲学史》,伦敦:罗德利奇和凯根—保罗出版社,1967.关于亚里士多德、黑格尔、马克思的讨论,参见第七、十五章。

30.麦金太尔.A.《追寻美德:道德理论研究》,伦敦:达克沃斯出版社,1981.本书使得美德伦理在当代道德哲学中得以复兴。

31.麦金太尔.A.《依附理性动物:人类为何需要美德?》,伦敦:达克沃斯出版社,1999.本书提出的一个观点是麦金太尔的美德伦理与女性主义关怀伦理之间的相似性。

32.尼采.F.《论道德宗谱》,剑桥:剑桥大学出版社,1994.本书对后现代主义伦理思想产生了重要影响,尼采提出道德缘于受压迫者对强权者的愤恨,批评了道德真理的思想。

33.诺曼.R.《道德哲学家:伦理学简介》,牛津:克拉伦登出版社,1983.关于亚里士多德、休谟、黑格尔、马克思的讨论,参见第三、五、八、十章。

34.努斯鲍姆.M.《善的脆弱》,剑桥:剑桥大学出版社,1986.本书提供了基于亚里士多德伦理观、能够替代麦金太尔的当代道德理论家的一个实例。

35.奥肯.S.M.《正义、性别与家庭》,纽约:基础图书出版社,1989.本书是对罗尔斯指向无视性别的《正义论》的批评。

36. 彭斯.G.《美德理论》,参见《指南》,辛格（编著）,1993:249-258.本书对美德伦理进行了概述。

37.罗蒂.R.《偶然、反讽与休戚相关》,剑桥:剑桥大学出版社,1989.本书中的一系列文章全面阐述了罗蒂的伦理和政治思想中反基础主义的含义。

38.罗蒂.R.《人权、理性与情感》,参见《论人权:牛津大赦讲座,1993》,S.舒特和S.赫尔利(编著),纽约:基础图书出版社,1993.在这篇文章中,罗蒂修正了休谟关于在理性主义缺失的情况下道德情感作为思考人权普遍化的方式这一思想。

39. 罗.C.《古希腊伦理》,参见《指南》,辛格（编著）,1993:121-132.这篇文章对古希腊伦理进行了概述,其中包括对亚里士多德的简要论述。

40.鲁迪克.S.《母性思维:走向和平政治》,伦敦:妇女出版社,1990.本书是女性主义伦理的一个实例,基于关怀伦理思想,尤其涉及战争与和平的问题。

41.施罗德.W.R.《欧洲大陆伦理》,参见《布莱克威尔指南》,拉福莱特(编著),2000:375-399.作者考察了英美道德理论准则之外的伦理思维基础,其中包括对尼采和列纳维斯伦理观的简要介绍。

42.辛格.P.(编著)《伦理指南》,牛津:布莱克威尔出版社,1993.

43.斯洛特.M.“美德伦理”,参见《布莱克威尔指南》,拉福莱特(编著),2000:325-347.这篇文章对当代美德伦理进行了概述。

44.坦斯乔.T.《理解伦理:道德理论简介》,爱丁堡:爱丁堡大学出版社,2002.本书是极有价值的伦理理论简介,其中包括论述美德伦理和女性主义伦理的章节。

45.特朗托.J.《道德界限:关怀伦理政治观》,纽约:罗德利奇出版社,1993.本书赞同关怀伦理对政治的意义。

第四章

国际援助与发展伦理观

-本章导读-

从历史上讲,大部分(宗教和哲学)的伦理系统都认为,贫困和贫瘠本身就是坏事情。不过,这些伦理也视贫穷为人类处境中不可避免的一部分,并为其提供道德解释。通常认为这是由穷人本身的道德缺陷所致, 抑或是神秘天意的作用。现代伦理视角则不太倾向于把贫困和贫瘠视为在道德方面理所当然的事情。在当代讨论中,如果贫困和贫瘠在道德上可以接受,就要求有明确的理由为之解释。在这一章,我们将围绕对贫困和贫瘠的两种反应——**人道主义**和**发展**的伦理观展开讨论。人道主义援助的目的是应对即时、极端的需求局面,比如饥荒或天灾人祸造成的后果。发展援助的目的是解决持续存在的系统性贫困。

国际人道主义援助的形式是国家或非国家参与者给予受到威胁之人进行救济,它比国际发展援助的历史更为悠久(前者通常可以追溯到1863年国际红十字会的成立)。这一现象出现的部分原因是,到了现代,伴随某些工业化国家巨大的经济发展,系统贫困才被视为有可能给摈除殆尽。然而,在这两种情形下,人道主义政策和发展政策都已成为自1945年以来全球政治和全球统治以及联合国成立的一个系统部分

（巴奈特和维斯，2008b；托马斯，2008）。我们将会看到，这两种援助做法都与对人道主义危机和全球贫困的起因所引发的争议联系在一起，也与后者相互联系的方式相关（参见下文前两部分）。最近40年来，由于信息技术革命的出现，人们越发了解到世界其他地方的人们所遭受的人道主义灾难和贫困的后果。除了新闻报道的危机，在人道主义国际非政府组织、国际政府组织以及支持这一事业的个人的数量方面也有巨大增加，与国家和国际政府组织进行更为密切的合作，输送救济和长期发展援助物质（费伦，2008）。在这样的语境下，自20世纪70年代以来，出现了汗牛充栋的研究文献，探讨与跨国紧急援助、"发展"的本质及其所涉及的跨国义务类型相关的伦理问题（克罗克，2008）。

本章首先考察围绕紧急援助出现的伦理问题，譬如饥荒救济，接下来讨论发展伦理，最后思考由于全球经济发展的生态限制所引发的伦理问题以及"可持续发展"观，结尾部分将探讨进行国际援助和发展的个人和团体具有的伦理义务本质。履行这样的义务是道德上所期望的还是道德上所要求的呢？如果这是道德要求的话，那么原因何在？这就把我们引向了下一章探讨的明确主题——"公平"问题。因为第四、五章探讨的都是全球财富的分配与再分配的伦理问题，读者应该把这两章关联起来进行理解，这样一来，就能够解决全球财富再分配究竟是慈善还是正义的这一问题。

– 人道主义援助 –

人道主义援助与发展援助不同，因为它的目的是着手解决具体的暂时需求,而不是随着时间的流逝建立起来社会救济贫困和贫瘠的能力。我们将会看到,这一区分不一定像它最初看起来的那样充满活力,暂且我们权当它不会有什么问题。在大部分伦理传统中,无论是宗教的视角还是哲学的视角,慈善统统被视为美德。传统的看法是,国际人道主义援助是一种慈善。然而,慈善是一种要求,还是"本分以外"(道德上受到颂扬但不是必须做的)的工作,关于这一点,伦理传统有着不同的看法。即便慈善被视为是一种道德要求,通常也期望这是由慈善家斟酌决定,并在一定限定之下进行运作。譬如说,要求信徒进行慈善活动的宗教传统,如把自己收入的十分之一捐给穷人,既限定要求的数量(显然信徒可以选择多给),又让捐款者自己决定哪位"穷人"应该成为捐赠的受益者。20世纪70年代初期,在回应东孟加拉持续的严重灾荒时,功利主义思想家彼得·辛格向给予援助可被视为要么自愿要么限定这一观点提出质疑。

辛格的论点很简单,如下:

1. 由于食物匮乏和医疗条件差而造成的苦难和死亡是糟糕的事情。

2.如果我们有力量阻止糟糕的事情发生,而不会牺牲具有类似道德重要性的东西,那么道德上就要求我们去阻止它。

3.我们有力量阻止东孟加拉出现的苦难和死亡,而无此类牺牲的出现。

4.因此,从道德上看,要求我们给予饥荒救济的数量至少要达到我们目前花在消费者"琐事"上的数量,可以达到"最低限度功利性"。在此点上,饥荒受害者和救济给予者的功利性大致对等(辛格,2008)。

在辛格看来,在可能影响跨国援助有效性的实际限制已经消失的世界上,把功利主义计算的范围限定在国家的语境上并没有什么意义。他还认为,也没有理由不理解给予援助的义务对个体来说是无条件的(道德上要求的)、义不容辞的,这种义务也不仅仅是针对国家这样的集体团体。辛格认为,个体的这种义务正如任何健全的成人从水坑里救出落水儿童一样。他的观点引发了很多关于饥荒和紧急援助的普遍哲学伦理的讨论。

对辛格观点最臭名昭著的回应也许是哈丁的"救生艇伦理观:不救穷人"①。在这种伦理观中,哈丁也把论点建立在功利性最大化的功利主义前提之上。他认为,帮助忍饥挨饿之人并不能改善其地位,反而会极大地降低富足者的地位(哈丁,2008)。在哈丁看来,富足者跟路过落水儿童旁的成年人并不一样,他们就像待在救生艇上的人。要是拯救落水之人上救生艇,他们也会跟这些人一样落水淹死。许多人利用辛格和哈丁观点之间的差异来阐明功利主义的缺陷,尤其是计算总效用的困难以及总是存在的交换可能性这些方面。但是,这一伦理也关注到了与紧急援助伦理相关联的**何人**及**如何**问题。个体富足参与者就是担负援助道德责任之人吗? 接受援助者的伦理地位是怎样根据功利主义者的观点被概念化的(**何人**)? 给予这种紧急援助是解决饥荒问题的适当方法吗(**如何**)?

---

① 救生艇伦理观(Lifeboat Ethics),指发生危险时,以紧迫性和权宜性来决定处理事务的先后次序,而不以人道主义或其他道德标准行事。该词由哈丁(GarrettHardin,1915—2003)在20世纪70年代提出。——译者注

在辛格看来,用伦理术语讲,饥荒被视为一个前提。虽然辛格承认饥荒是出于人为或自然的原因,但他认为,在道德方面,这与改善饥荒的要求毫不相干。对其他思想家而言,饥荒并非"上帝作为"这一事实具有相当的道德意义。对饥馑著有重要哲学论述的森认为,与其说饥荒是食物的匮乏,不如说是权利的缺失。换言之,在这种局势下,有些人无法通过正常的方式获取食物。这是经济体制失败所导致的后果,促使这种情况发生的原因可能会多种多样,但这种情况既非"自然的",也不是无法避免的。在这样的语境下,森认为,合适的道德词语是"权利"和"元权利",而非功利主义把苦难最小化的语言。对森而言,权利可能会有各种类型,包括体现有可能实现不了的道德观的权利。在此意义上,存在着不能让人挨饿的人权(克罗克,2008:255-293;森,1984)。但是,既然在现实世界中不能获得该权利,森又提出了"元权利"的概念。"元权利"是要建立体制性结构,从而行使不能让人挨饿的道德权利。采取措施应对饥荒的伦理要求与基本人权有关,而与苦难的道德意义无关,这种思想也被森用来论证包括生存权利在内的基本人权的有限整体性思想(苏,1980.参见下文第五章对苏的进一步讨论)。因为权利观暗含有相互关联的义务观,跟辛格相比,基于权利的观念倾向于更多地强调需要建立起机构,从而履行阻止饥馑的道德义务。

自从森和苏的著述出版以来,许多思想家也从人权和履行人权的相关义务方面,围绕紧急援助形成了自己的伦理观。如果考察这些观点,可以看到,它们以相当不同的方式证明了以权利为基础的路径是有道理的。对森和苏这样的思想家而言,对权利的论证本质上与"需求"有关。森认为,这跟人类繁荣的概念相关,后者要归功于美德伦理(关于人类发展的讨论,参见接下来的部分)。但是,对其他思想家而言,基本权利道德可以基于道义论的每个人独一无二的道德重要性,也可以基于功利主义和契约论传统中把权利置于人的基本欲望或兴趣的观点。正如森的"元权利"所认可的那样,无论哪种观点,对基于权利的观点的一种反对就是,权利在本质上对应着权利要求,然而,只有在明确地知道从何人那儿可以要求这些权利时,对应的权利要求才有意义。在奥尼尔看来,这是基于权利对饥馑问题所做回应的根本性缺陷,"穷人没有权力时,当权者必须坚信自己承担某些义务,无论受益者是否声称履行这些义务是他们的权利。关注行动的伦理理论首先关注的应该是义务,而非权利"(奥尼尔,2008b:150)。奥尼尔汲取了康德的道义论观点,即道德义务的无条件本质是最为根本的,进而提出了国家和跨国机构所承担的满足人们需求的绝对义务。这种观点使得集体机构参与者在提供紧急援助以及长期发展援助方面具有重要的道德地位。

功利主义和道义论——譬如辛格和奥尼尔——关于饥荒救济的观点,为有这种能力的(个体或集体)参与者确立了强有力的道德义务,用以解决饥荒问题。但是,他们这样做,就把饥荒救济的潜在接受者定位为本质上被动的受害者。这种观念的暗含之意似乎就是,那些受饥荒影响的人没有权力,为了解决自己的生存困境,他们就必须依赖外部的中介,并根据正确的道德观念行动。在《谁在挨饿:饥馑的概念,援助的做法》(2000)一书中,埃德金斯认为,整个伦理讨论让我们知道的更多的是那些亲眼目睹饥馑之人在无法理解的创伤面前渴望获得（一种不可能的）自我确定和控制，而不是让我们知道挨饿的伦理困境。埃德金斯依据后结构主义伦理，认为对饥荒问题的回应，存在着两大国际话语。第一是技术、科技话语，把饥荒视为专家可以解决的问题。第二是人道主义道德话语，声称其根基是普遍真理（巴奈特和维斯，2008b；凯尔宏，2008；麦金蒂和威廉姆斯，2009：153-174）。在埃德金斯看来，在这两种情况下，声称洞悉应该做什么都是虚假的。这是因为，并不存在对饥荒所做的合适伦理回应的**普遍**答案。她对两大观点提出质疑，一是那些受到饥荒影响的人毫无权力，二是援助一定会解决问题。正如对复杂紧急情况的当代研究所示，饥荒形成的方式各种各样。饥荒所影响地区的某些人或受影响地区之外的有些人从灾荒中**获益**，国际援助有时反而会加剧而非解决问题（巴奈特和维斯，2008a）。

"所需要的不是把饥荒、冲突和贫困视为需要专家解决的技术问题，也不能视为操守和行动原则。所需要的是政治和伦理的介入，从而形成一种气候，使得对干预与援助做出决定的责任成为一种必然"（埃德金斯，2000：30）。跟上述的普遍主义伦理立场不同，埃德金斯认为，我们需要放弃寻找关于饥荒救济**何人**和**如何**的道德真理，而要从语境的视角对这一问题展开研究，这种语境即是把所涉及的参与者与一系列地方和全球政治和经济因素的因果及构成性角色关联起来的复杂关系网。虽然我们无法预先知道何为正确之事，无法假定我们知道何人可能是做正确之事的合适中介，但我们仍然具有行动的责任。在她看来，这种伦理路径回应了在女性主义关怀伦理中介绍的那种路径(埃德金斯,2000:150)。

正如埃德金斯所言,她的观点在某种程度上追随了森的远见卓识,即饥荒不是自然灾害,而是经济和政治构成的现象。在与紧急援助伦理相关的许多文献中,已经达成了一种共识,即危机并非空穴来风,饥荒的潜势根植于更宽泛的贫困状况,这使得世界上一大部分人口仍处于生存的层面。因此,对饥荒救济伦理的探讨,极易融入到对一般发展援助伦理的探讨之中。也就是说,目标为长期的贫困救济和提升富足水平的那种援助。在接下来的部分,我们将继续思考更为宽泛的发展援助伦理领域。

思考题

1.辛格认为,根据功利主义观,伦理上要求个体放弃奢侈品而进行饥荒救济。他的这种观点有说服力吗?

2.2008年,一场重大自然灾害导致了缅甸主权国家人道主义紧急情况。但是,统治者不希望让国际机构对该国实施干预进行援助。在这样的情况下,你认为国际社会应该承担什么样的责任和义务?

3. 埃德金斯认为人道主义援助话语本身在伦理上是有问题的。她的这种看法正确吗?

-发展援助-

上文已经提到,国际人道主义援助的目的是实施紧急救

100

济,这一做法具有悠久的历史,可以追溯到19世纪以及1863年国际红十字会成立之际。从国家和国际组织方面来看,国际发展援助政策在1945年之后的冷战时期开始成形。这一时期早期(20世纪50、60年代)的主导思想是:消除贫困的关键是经济现代化。根据这种观点,经济工业化的现代化进程已经经历了一个发展过程,随着时间的流逝,所有经济都会经历这一过程。经济现代化被认为是历史的必然,也是人们的渴望。所需要的是给予正确的帮助,从而使得全球朝着富足的方向发展。尽管这一观点在整个冷战时期及此后都颇有影响,但它也受到诸多不同的质疑。

早期一个批评的理论支撑是普雷比什等拉美经济学家所倡导的依附理论,认为大部分后殖民国家的贫困实际上是"发达"经济现代化的**产物**。富裕国家在剥削依附国家经济(通常为帝国主义的财产)的基础之上才有可能进行工业化,并维持其富足水平。这些依附国家拥有廉价的原材料和劳动力。因此,"欠发达"经济若不摆脱与所谓的"发达"经济之间的经济关系,那它就不可能有所发展。尽管发展的标准现代化论述这一反话语对所谓的"第三世界"国家的发展策略具有重大的政治意义,但在很大程度上被纳入到了20世纪70年代的世界经济问题之中,这些问题在发展中国家的经济中引发了重大的债务危机,并促发了新自由主义的兴起。在20世纪80年代,经济发展的先决条件等同于贸易自由主义、私有化、撤销管制规定的条件。尽管对那一时期"结构调整"政策的极端做法进行了调整,但新自由主义仍然是自冷战结束以来全球政治经济中最具影响的经济学说(托马斯,2008;伍兹,2008)。

　　紧随新自由主义及其对世界不同地区贫困水平的交织性影响,出现了另外一种发展话语。现代化理论的依附批评实际上并没有质疑经济发展本身的价值。然而,在20世纪90年代,关于国际发展援助的讨论,不仅探讨发展可能实现的**手段**,还探讨发展本身的**目的**。传统上,在发展话语中,贫困被界定为缺乏支付基本物质需求的资源。这一定义与一种现代化观念联系起来,后者认为,摆脱贫困的方法是把生存层面的农业经济转变成工业化经济,以牺牲穷人为代价生产剩余,增加收入。因此,发展可以通过经济增长来衡量,譬如说,考察国民生产总值的变化就是这样的手段。其他发展话语从对贫困的不同界定出发,不仅包括没有能力满足物质需求,还包括没有能力满足非物质需求。据此,发展不仅是收入的增长,还是"人的发展",关涉到人的一系列能力的提升,从而确保每个人一定的生活质量水平。人的发展这一观念不一定与发展日益拓展的工业化市场经济关联在一起。在此意义上,衡量发展并不仅仅要看可自由支配的收入的水平,还要看一系列物质需求和非物质需求得到满足的程度,其中包括教育和医疗,还包括人们参与影响其自身幸福的决策能力(托马斯,2008)。联合国千年发展目标反映了这一不太经济化的发展意义观。这些目标如下:

　　1.消除极端贫困和饥馑;

　　2.实现普遍基础教育;

　　3.促进男女平等,赋予女性权力;

　　4.降低婴儿死亡率;

　　5.提高母亲健康度;

6.根除艾滋病、疟疾等疾病（托马斯,2008:478）。

跟人道主义援助一样,围绕发展援助伦理展开的讨论必定与支撑发展观的经济、历史论证的精确度相关联,也跟所有国家经济渴望具有富足的工业化国家那样的经济相关联。我们首先考察发展援助在道德上是否合理这一伦理观念,然后探讨那些认为援助是一种伦理要求,但对于何为"发展"以及合理援助的依据持不同看法的思想(关于发展伦理更为全面的讨论,参见克罗克,2008;古莱特,1995;加斯珀,2004)。

我认为,反对提供发展援助的伦理观有下面两种情况。第一,有些人声称这样的援助非但毫无效果,甚至还会起反作用。第二,有些人声称,即便这样的援助在道德上对接受者来说是件好事,但富国的人也没有伦理义务去帮助穷国的人。第一种说法有各种各样的理论基础,其中包括上文讨论过的哈丁型功利主义观,认为援助是在加剧而非解决资源匮乏的问题。另一种不同类型的理论认为援助有效地支撑了本质上就不公平的全球不平等体制,并且支持它成为人们渴望实现的目标(鲍曼,2001;尼尔森,1998)。马克思对提供援助提出的批评证明了这种根植于美德伦理传统的理论阐述。从马克思主义的视角看,资本主义并不能有助于人类的繁荣,因此维持和促进资本主义发展的援助政策在道德上必定不足为信(尼尔森,1998)。

反对发展援助的第二种说法通常在契约论和美德伦理那儿颇有道理,这一点毫不奇怪。最可能反对国际援助项目的契约论是那些把最低限度的自然权利假定建立在实际或假象的契约之上的观点,因此,这些契约论也极易强烈反对国家内部的福利供给。这些**自由**契约论伦理思想优先考虑个体自由,也优先考虑那些可以享受到的人的自由,同时最低限度地侵犯到别人的权利。在国内通过税收的手段重新对财富进行分配,要求积极侵占个体财产权利,就更谈不上通过在国外的援助项目对财富重新分配这种做法了。因此,上述做法在道德上存在错误,除非他们的财产权利首先出现问题(关于这种自由主义观的实例,参见诺齐克,1974)。但是,即便对非自由主义契约论者而言,他们通常也认为人们只会同意在契约者的社会中具有帮助他人的强烈义务。对外来者的义务会更少一些,也许只能拓展到紧急援助这种情形,而不会超越(罗尔斯,1999;第五章详细探讨了罗尔斯的观点)。

从美德伦理的视角看,人类繁荣总要取决于语境,而且通过与之具有同样生活方式之人的特殊关系而得以积极繁荣。这并不一定排除对外来者进行援助,但确实排除了把某种生活方式固有的价值观施加到另一种生活方式之中的做法,这就把普遍主义发展话语推至一边,尤其是那些依赖现代化话语的理论(加斯珀,2004:191-220)。把人类繁荣定位在民族自决、民主政治社会的美德伦理,可能同样会认为发展援助削弱了捐赠者和接受者的力量(这种立场的实例,参见第五章对沃尔泽和米勒的讨论)。

对全球贫困的发展援助是对全球富人的伦理要求,这种观点包括上文讨论人道主义援助时我们已经熟悉的那些看法。正如其应对人道主义危机的情形那样,功利主义(辛格)、人权(苏)、基于责任(奥尼尔)的观点同样适用于消除全球贫困的那些项目。诚然,正如奥尼尔等人指出的那样,这两个问题相互关联。我们需要做的就是比较富国和穷国的紧急情况——比如地震或飓风——所产生的效果。因此,我们也发现围绕**何人**和**如何**问题提出的类似观点。功利主义观继续把援助的责任指向个体,而像奥尼尔这样的思想家则强调各种集体中介在援助中的作用。这些集体中介不仅包括国家,还包括国际政府组织和国际非政府组织。但是,除了解决发展需求的道德责任位居何处的问题之外,还有对我们应该理解的发展需求为何而展开的伦理讨论。在这一方面,对发展援助伦理的讨论与上述发展政策的讨论交织在一起。经济主义观把发展降至为等同于收入增加的地步,向这一观点发出挑战的有森和努斯鲍姆等思想家。他们认为,从"人类发展"的方面重新思考发展的观念,不仅在伦理上更为合理正当,而且还削弱了某些美德伦理形式对援助提出的批评,并且还有可能把基于权利的援助观与基于需求的援助观带到一起来。

对森和努斯鲍姆而言,发展的目标不应该等同于财富的最大化,而应该等同于通过财富手段所产生的后果,也就是能够过上繁荣的生活。繁荣的生活不仅包括获得某些层面的功能(譬如营养丰富、身体健康、活动灵便),还包括在不同优先性之间进行选择的能力,这一点更为关键,"在其他功能方面具有相似能力的两个人,如果一位不具选择任何其他功能的权利,而另一位则有重要的选择权,那么这两人所享受的幸福水平就不同"(森,2008:166)。森赋予了人类繁荣在伦理方面的优先性,从美德伦理那儿汲取灵感,但也把这种观念与下面的观点关联起来,即任何人的繁荣都需要某些必要的条件,而且这些普遍条件应该成为发展援助的目标。森并不认为可以对人类繁荣的条件进行一般性规定,但努斯鲍姆根据森的观点,在她的《女性和人类发展》(2000)一书中这样做了。在该书中,努斯鲍姆使用人类能力路径确立了一种尺度,借此判断女性的发展水平。这使得发展的目标比纯粹的财富最大化更为复杂,要求更高,因为它也关注确立人类繁荣条件的社会和文化做法以及机构的重要性。努斯鲍姆提出,她认为十种能力对繁荣的人类生活非常有必要。

1.生命——充分度过自然寿命的能力;

2.身体健康——拥有良好健康的能力,包括生育健康、充分的营养及住房;

3.身体完整性——活动自由,拥有免遭身体侵害的安全及性爱与生育的自主性;

4.感觉、想象、思想——以受教育的方式完全使用所有这些方面的能力;

5.情感——被他人吸引的能力,具有爱和激情的能力;

6.实践理性——能够理性反思,辨别自己的善的生活,并为之进行规划;

7. 交往——在个人关系和社会群体中与他人共同生活的能力;

8.其他种属——与自然共生的能力;

9.玩耍——享受娱乐的能力;

10. 控制自己的物质和政治环境——参与政治选择、拥有财产、与他人平等工作的能力;

在努斯鲍姆看来，上述十种能力构成了进入有意义伦理生活的入门条件。她还说，在繁荣的人类构建的伦理生活中，允许不同类型伦理生活的存在，因此这种理论与美德伦理对语境和文化重要性的强调相协调。此外，努斯鲍姆还指出，人的能力是权利的基础，它把基于权利和基于需求的观点从契约论和道义论那儿带到一起来，因此为发展伦理提供了统一的根基。但是，努斯鲍姆列出的表单并不像她所声称的那样更具有普遍性，在文化方面也更具争议。尤其是第三条和第十条能力要求似乎反映出了西方的人性自由观，假定了财产权利和市场关系的自由经济结构。批评家认为，这表明狭隘道德观的虚假普遍化，还表明把欠发达原因归因于文化而非全球政治经济机制的趋向。这就把我们带回到本部分开头提到的对发展援助本质的一个批评，即它过于依赖某些自由资本主义国家享有的发展类型的道德适宜性和历史不可避免性，却很少关注当代全球经济造成的不平等以及保持全球贫困的程度，这种状况同时使得富人更加富有，而穷人更加穷苦（贾格尔，2008）。

在这方面，国际援助政策提出的一个伦理问题，不仅与这些政策力图取得**什么**成就有关，还与**如何**实施这些方面有关。跟"援助"这一词语给人留下的印象相反，大部分发展援助并非富人送给穷人的简单礼物。援助与国家之间长期的双边和多边关系交织在一起，通常以各种方式"关联"起来。援助是国家外交政策的一个工具，用来凝结国家之间或国家精英之间的互惠关系。这样一来，譬如说，可能会给一些援助在接受国建立水坝，但条件是大坝的施工须由捐赠国来实施。

双边援助的方式通常反映出国家之间过去的殖民关系。援助通常也与一套经济或政治条件相关联,最臭名昭著的是20世纪80年代的"结构调整"政策,作为接受援助的条件,当时接受国不得不把自己的经济自由化。

此外,援助预算和项目的管理和责任机制通常控制在外来专家手中,而非当地人手里。从功利主义视角看,援助未能使发展的后果最大化,这样给予援助的**手段**就构成了一个道德问题。有大量证据表明,援助政策没有实现这一目的,而往往使当地的精英富裕起来,或者是被外来者不考虑当地实际情况而加以应用。根据强调人的发展的理论家森和努斯鲍姆的观点,本质上家长式的援助政策割裂了它们把自主作为人的能力的价值。这就给自上而下的援助项目设置了问题,即便这些项目在其他方面改善了人们的生活质量。在努斯鲍姆那儿,我们看到,尊重作为人的关键能力的自主,也证明了政治条件性①是有道理的,其中援助对民主化进程是有条件的,这就自上施加了下面进行选择的可能性。

---

① 政治条件性(politicalconditionality)是指一国或国际组织给予另一国明显好处(如援助)时,需以该接受国是否满足有关保护人权和促进民主原则为条件。对受援国而言,欲获得优惠,就必须接受对方附带的政治条件。从这一基本界定出发,政治条件性进一步又分为两类:积极的政治条件性和消极的政治条件性。积极的政治条件性指的是,如果某个受援国履行有关政治条件,有关国家或国际组织将允诺给予该国优惠;消极的政治条件性指的是,如果该国违背了那些政治条件,则对其减少、冻结或完全终止那些优惠待遇。与政治条件性相关的另一个概念是经济条件性,即把优惠与是否满足有关经济条件相联系,通常要求受援国引进市场经济或特定经济政策(如结构调整等)。欧盟在发展与其他欧洲国家(特别是中东欧国家)关系时,已经把政治条件性和经济条件性结合起来,而对多数发展中国家则强调政治条件性的因素。——译者注

为了对技术统治和家长式援助观的批评进行回应,出现了不同的援助方式,这些方式与关注人类发展的理论思想保持一致,强调援助接受者的参与和授权(克罗克,2008;古莱特,1995)。援助物质的输送越发移交给国际非政府组织,然后就积极要求后者让地方团体进入,把接受者参与和项目"所有关系"以及缓解贫困的目标结合起来。罗滨逊从女性主义关怀伦理的视角出发,对这些变化类型表示欢迎,视之从传统伦理援助立场的抽象普遍主义那儿迈出了一大步(罗滨逊,1999)。在罗滨逊看来,把基层人员参与建构及完成资助项目视为核心,这样做是认识到了人与人之间具体依恋的伦理价值。这些项目建立、拓展并加强了当地人之间以及当地人与国际援助工作者之间的关怀和责任。这使得富人和穷人之间产生了一种关系,这种关系是伦理和对话式的,而非技术统治和家长式的。此外,这还创造了一个语境,与把经济需求分离出去作为独立的类别相比,这种语境的需求得到了更加有效的满足。

　　这些援助方式明确得到**一种伦理**的指导, 这不仅仅是认识到了问题,譬如,"人们生活在贫困中,这在道德上是错误的"。这个问题通常被假定为运用经济策略可以应对和解决的问题。相比而言,这些方式认识到所谓的无形资源——比如"社会网络、组织力量、休戚相关以及**并非孤军奋战**之感"——的可变性潜力, 反对把经济、政治和道德隔离开来(罗滨逊,1999:162)。

　　在正确地认识到发展的接受者作为道德中介的重要性方面,人类发展和女性主义伦理立场融会起来,与功利主义、基于权利和责任观以"毫无权力"为核心的观点形成对照。对何人问题所做回答的重心转移，对如何问题具有重要的意义。这样一来，从这一视角出发，援助的伦理价值内在于实施援助的过程、援助的数量以及纯粹的经济后果之中。

思考题

1.请思考努斯鲍姆关于人的能力列表。这一列表具有多大的权威性？你会增添或删去哪些内容呢？

2.谈到实施发展援助时，结果要比过程更为重要吗？

–可持续发展–

"发展"这一概念在首次使用时，是假定发展是沿着现有"发达"经济的特定路线行进，随着时间的流逝，所有的经济都会发展起来，这种观念在实践上和原则上都无问题。然而，自20世纪70年代以来，人们越发认识到，经济发展的普遍化将会遭遇到道尔称之为"有限性"的问题（道尔，2007：171）。这些问题包括全球不可再生资源（譬如煤炭和石油）的有限、地球承受发展效果（全球变暖）能力的有限、世界上产生可再生资源（食物、木材）区域的有限。一些评论家和决策者对全球变暖等说法的科学基础提出质疑，也许这是因为他们坚信，在这些问题造成不可补救的破坏之前，可以找到解决的办法，以此否认"有限性"的重要意义。但是，到了20世纪80年代，人们已经达成广泛共识，即发展政策必须把环境问题考虑在内。因此,面对上述这些难题,出现了一套与发展相关的新的伦理问题。这些问题既对旧的发展模式提出质疑,又引发了对全球状况下的贫困做出适当伦理回应的新问题。这一全球状况不仅极为不平等,而且随着时间的流逝,也极具不可持续性(古莱特,1995:119-135;洛,1999)。

在最为本质的层面,环境问题向发展伦理标准化讨论中的人类中心论提出质疑。具有争议的是,即将到来的生态灾难的根源是,把人的生活方式与其他生物的生存以及更宽泛的生态系统的和谐状态分离开来。如果是这样的话,那么与大众生产和大众消费的工业化工程相关联的富足水平,就是在地球遭到破坏的情况下实现的。这也意味着,赞同发展援助伦理观"种属主义"的前提是,优先考虑人类的需要和需求,这可能是问题的一部分,而不是解决方案的一部分,尽管在某种程度上取决于如何理解人类的需要和需求(加斯珀,2004:49-83;关于伦理讨论中对种属主义的批评,亦见辛格,1999)。生态中心论伦理认为,所有种属都具有道德意义,应该把生态系统和生态领域视为也拥有自己的道德价值,暂且撇开组成它们的种属(阿特菲尔德,1999:27;本森,2000;施密兹和威洛特,2002;温兹,2001)。因此,在这一范畴内最为激进的一端,环境伦理呼吁要把人类置于中心的这种道德传统进行重新思考。一个不甚激进的立场也向人们发出呼吁:如果不把工业层面的生产和消费所造成的环境代价考虑在内,那么人类的需要和需求就根本不可能得到满足。在某种程度上,这种观点与发展的生态批评论相吻合,后者是倡导"人类发展"观的人们提出的观念。在发展政策方面,这一观点产生了以下的思想，即对环境退化所引发问题的适当回应，不是要抛弃发展观，而是要以"可持续性发展"的路径进行思考（史坦马克，2002:1）。从这一视角出发，包括经济增长在内的人类发展可以与环境工作并行不悖，也与对几代人的义务并行不悖。在这样的语境之内，出现了关于可持续发展伦理的各种讨论（史坦马克，2002）。

确定可持续发展路径的伦理，引发了与环境问题所独有的特征相关的一系列问题。谈到环境时，其中一个特征是全球对地方做法的显著影响。我们已经看到，可以利用契约论伦理和美德伦理，反对一国对另一国担负有提供发展援助的强烈义务这一思想。但是，在这两种情况下，都在假定可以直接识别属于一个国家的东西和属于另一国家的东西之间的界线。然而，诸如气候变化这类现象的影响并不能包含在国界之内，这样一来，一个国家的地区做法必然会成为所有人的事情。不管愿意与否，发达国家和发展中国家都发现自己跟实际或潜在的"生态债务"外来者发生着关系，也就是说，（至少短期来看）受益于对别人和自己造成的生态危害。深刻的生态相互依赖性与把可持续性发展的范围限定在国家或文化边界的做法极不协调（布拉德，1999）。

环境问题的第二个特征是，问题的出现大多源自出于其他考虑而采取的行动，这些行动导致了原本没有打算的后果，这些问题的直接影响和中期影响都呈不平等状分布。19世纪的工业家（以及当代英国的汽车司机）起初并非故意要导致气候变化，从而在气象格局和沙漠化方面对世界（大部分）贫困地区的许多人引发各种各样有害的后果。然而，这些行为的影响产生了"意想不到的新的害人方式"(辛格,2004:19)。在谈到可持续发展时,就引发了何人应当为何人担负什么责任的某些难题。污染者(即便他们负担不起这笔钱)应该支付清洁能源的费用吗? 最富足者(尽管这意味着降低他们的生活标准)应该为此埋单吗? 从功利主义者的视角来看,道德上关键的是行为的后果,而非这些后果背后的动机。在辛格看来,把功利最大化的这一承诺,通常使功利主义的资源分配观与罗尔斯优先考虑最穷之人的原则结盟起来。这是因为,你拥有的东西越少,你的功利性增加得就越大,即便只是增加了很少的物品。对富人而言,情况恰恰相反:你已经拥有很多,那么所增加的物品增加你最低限度的功利性就越小。在辛格看来,这意味着,功利主义者对气候变化的回应表明,富国应该为减少温室效应气体承担更多甚至全部的费用(辛格,2004:42-43)。

尽管出于不同的原因,但契约论和道义论也得出类似的结论。契约论认为,富国承担减少全球气体释放的理由在于"生态债务"论。从历史上看,富国已经动用了人类共同的环境资源,现在仍然继续成为全球大气的主要污染者,那么它们就有义务向穷国做些补偿,就得承担减少大气释放的大部分费用。对于这一论断,苏做出了略微不同的道义性阐释。他认为,出于对人类需求的基本尊重,需要对解决全球变暖问题的任务进行调整。对苏而言,"要求一些人放弃生活必需品,而另外一些人可以保留奢侈品,这是不公平的"。因此,在他看来,为了满足人的基本需求,应该给予穷国一定的自主权来控制对环境造成的破坏。而且,富国之所以承担减少温室效应气体费用的道德义务，是因为富国有能力这样做，而并非因为它们有责任这样做。海沃德则用相当不同的口吻谈到，前行的方式是，在国家的层面上，把普遍人权体制化到充分的环境方面。他认为，这将把富足国家推入到更为良性的国内生态政策，加强国际法与国际政策的调节，给予穷国以保护，使其免遭全球市场持续的侵蚀性影响（海沃德，2005）。

上述解决人类行为造成的"有限性"问题的观点，主要关注的是建立国家行为的伦理原则。但是，苏对基本需求的强调和海沃德对人们拥有充分环境权利的强调，即对人的健康和幸福的环境权利（最先在1987年的布伦特兰报告①里得以阐述，在史坦马克（2002）那儿进行了讨论）的强调，把我们带回到经济发展与环境可持续性之间的张力这一深刻问题上。据估计，如果所有国家都发展到最富有国家的程度，"会需要四个地球来提供必要的生态空间"（海沃德，2005：195）。情况果真如此的话，那么显而易见，在谈到经济增长和环境破坏的可允许限度时，即使富国资助穷国，也不可能出现目前富国享有的发展水平。

从美德伦理、女性主义伦理和后现代主义伦理的视角看，

---

① 布伦特兰报告（Brundtland Report）是在 1987 年世界环境与发展委员会（WECD）或布伦特兰委员会（Brundtland Commission）的环境特别会议上提出的。该报告的名称是"我们共同的未来"，报告分为三个部分："共同的关切"、"共同的挑战"、"共同的努力"，提出了"可持续发展"的概念，将可持续发展定义为：在不损害未来人类发展需要的前提下，满足当代人需要的发展。它强调了经济发展的代际公平和发展质量。布伦特兰报告以"可持续发展"为基本纲领，以丰富的资料论述了当今世界环境与发展方面存在的问题，提出了处理这些问题的具体的、现实的行动建议。——译者注

这指向了个体主义和理性主义对环境问题所做伦理回应的一个问题。功利主义、契约论和道义论仍然把环境视为是为了人类利益的目的可以汲取的主要资源，而不是人类生活不可或缺的东西。这些理论赞同而不是质疑个体主义和理性主义的论断，这些论断是经济发展话语中固有的。在普遍的国际发展援助那儿，我们已经探讨了人类的发展和关怀。这里，这一观念提出了解决"有限性"问题的不同方法，其方式是质问如何才能以把我们与环境的内在联系融合起来来度过生命，而不是关注管理环境匮乏的最合理方式。

　　生态女性主义者尤为坚持下面的观点：在西方思想中，对大自然的剥削与对女性、非西方男性和动物的盘剥之间，存在着长期的深刻联系。根据这种观点，需要的是我们伦理价值观的转变，不再把大自然主要视为资源并作为资源使用（普拉姆伍德，1999；沃伦，1999，2000）。其他力图发展全球生态伦理的著述受到了后现代主义深刻见解的启发。譬如，罗斯依据列维纳斯的伦理及对他人无条件承诺的思想，在澳大利亚土著人的本土生态那儿建立起联系（罗斯，1999）。对罗斯而言，生态伦理与其说是决定后果，不如说是使得对人与环境之间关系的不同理解进行对话成为可能（罗斯，1999：184）。哈维则使用了不同但同样是后现代的口吻，指出不可能就环境伦理达成支持环境行动主义的普遍共识。相反，他认为，伦理任务是识别不同观点之间的潜在相似点，从而取得政治上的环境正义，即便对其含义并没有形成共识（哈维，1999）。这些观点把伦理日程安排从确定可持续发展问题的伦理解决方案（什么）转向如何伦理地生活，而无须假定任何这样的解决方案都是可能的。

思考题

1.有可能存在一种以人类为中心的充分环境伦理吗？

2.相对于全球的可持续性,你如何评价穷国发展的伦理相对重要性？

3.你有责任改变自己的生活方式以回应全球"有限性"问题吗？

–结论–

正如很难把紧急救济伦理的讨论从目标为解决世界贫困问题的长期方案中分离出来,发展援助伦理的讨论也无法与整个全球经济运行方式的更多问题以及其中不同参与者的作用和责任中脱离开来。环境可持续性的问题加强了在全球层面上考察援助和贸易的要求,并使之复杂化。国际发展观最初形成之时,人们假定经济增长和自由贸易能够解决匮乏的问题。同时,似乎需要做的事情是,在穷国努力从后面赶上来的时候,富国和富人为其提供帮助。在当代世界,国际发展被理解为导致了某些关键的环境匮乏。显然,富国和富人的生活方式已经并将继续对世界贫困产生积极的破坏性影响,穷国或许甚至都不太可能从后面赶上来。

正如我们在本章中看到的那样,围绕援助展开的一些讨论表明,人类的义务或慈善是有斟酌决定权的,而另外一些讨论则认为这些义务是绝对的。但是,在这两种情况下,援助关系都是单方面的。巴里对人的义务和与国际援助有关的正义义务之间的区别进行了极有价值的概括。他认为,如果援助是人的义务,那么关键是它产生了人道主义救济的后果。如果这意味着对援助接受国实施干预,从而确保救济金得到合理的分配,那么这样做在伦理上完全可以接受,接受者无权对此表示反对。但是,如果援助是正义义务,那么它就成为接受者的权利;赠予者有义务给予援助,但没有进一步实施干预的权利(巴里,2008)。对援助伦理的功利主义路径而言,在人和正义之间所做的这一区分并无意义。一般而言,对功利主义来说,与目的相比,产生好结果的手段在伦理上并不重要。无论结果是通过强迫还是同意得到的,重要的是产生好的结果。但是,上述讨论的所有其他视角都以不同的方式对援助关系中的家长作风提出质疑,认为所需要的是对根植于穷富之间关系的伦理要求进行整体的理解和把握。在这一方面,思考援助伦理和可持续发展伦理是思考全球分配公平问题的出发点。这些问题把我们带入了下一章的讨论。

-参考书目及深入阅读-

1.阿特菲尔德.R.《全球环境伦理》,爱丁堡:爱丁堡大学出版社,1999.本书从生态中心论的功利主义视角出发,对环境伦理中的重要观点进行概述。也就是说,要考虑生态系统的整体功用性,而不只是人类的幸福。

2.巴奈特.M.和维斯.T.G.(编著)《成问题的人道主义》,伊萨卡和伦敦:康奈尔大学出版社,2008a.本书考察了当代尤其是冷战结束以来的国际人道主义,是一部出色的批评论集。

3.巴奈特.M.和维斯.T.G.《人道主义:当今简史》,参见《人道主义》,巴奈特和维斯(编著),2008b:1-48.这篇文章对当代人道主义思潮简史进行了概述。

4.巴里.B.《全球化视阈内的人与正义》,参见《全球正义》,伯格和莫勒恩道夫,2008:179-209. 这篇文章最初发表在《Demos24:伦理、经济与法律》,J.R.彭诺克和J.W.查普曼(编著)(1982),纽约:纽约大学出版社:219-252.这篇文章确定了人的义务与正义义务之间的区分。

5.鲍曼.Z.《同情心跑到哪儿了?》,参见《道德宇宙》(Demos文集①,第16卷),T.本特利和D.斯特德曼(琼斯(编著),2001:51-56.这篇文章是有关当代人对全球贫困态度的批评文章。

6.贝利斯.J.,斯密斯.S.和欧文斯,P.(编著)《世界政治的全球化:国际关系简介》(第四版),牛津:牛津大学出版社,2008.本论文集对全球政治各个方面进行了全方位的介绍。

7.本森.J.(编著)《环境伦理:简介性读本》,伦敦:罗德利奇出版社,2000.

8.布伦德.N.《政治关怀与人道主义回应》,参见《进行伦理研究的女性主义》,P.德奥特勒斯和J.沃(编著),兰纳姆:罗曼和利特尔菲

---

① 英国 Demos 研究所成立于 1993 年,目的是为了重新活跃公共政策和政治思考,以使其不再变得过于短期、临时和脱离日益复杂的社会。研究所致力于振兴英国政治,使其重新保持与民众关心问题的联系,且涉及了中-右派、中间派和中-左派的争论。该机构还在民主改革、家庭与性、时间利用与工作、福利改革、社会政策、地方管理与社团、公共管理和意识形态转变方面开展了广泛的工作。目前的主题有:社会网络动力学与社会政策、执政政府未来方向、资产与文化转变和技术变革对社会的影响等。Demos 关注社会文化和政治的发展变迁(而不是宏观经济政策)、长期工作与学科间研究等。——译者注

尔德出版集团公司,2001:203-218.这篇文章对关怀伦理应用到国际人道主义进行了批评性探讨。

9. 布拉德.R.《国内外环境正义的挑战》,参见《全球伦理与环境》,洛(编著),1999:33-44.作者考察了地方做法对全球环境的全球性代价。

10.凯尔宏.C.《减少痛苦所必须履行的责任:人道主义行动领域的慈善、发展与紧急情况》,参见《人道主义》,巴奈特和维斯(编著),2008:73-97.这篇文章对当代人道主义伦理进行了批评探讨。

11.克罗克.D.《全球发展伦理》,剑桥:剑桥大学出版社,2008.本书赞同能力发展路径,彰显了这一路径对援助接受者的参与及授权的意义。

12.道尔.N."环境",《世界伦理:新的日程安排》(第二版)第八章,爱丁堡:爱丁堡大学出版社,2007:170-190.这是概述全球环境伦理的一篇极有价值的文章。

13.埃德金斯.J.《谁在挨饿:饥馑的概念,援助的做法》,明尼阿波利斯:明尼苏达大学出版社,2000.本书从后现代主义视角出发,对当代紧急援助和发展做法中发挥作用的伦理观念进行批评探讨。

14.费伦.T."紧急救济援助的兴起",参见《人道主义》,巴奈特和维斯(编著),2008:49-72.在文中,作者分析了当代紧急援助供给的趋势。

15.加斯珀.D.《发展伦理》,爱丁堡:爱丁堡大学出版社,2004.本书对发展伦理的讨论进行了极好的概述,其中包括有关较为经济的路径与较为"人的发展"的路径之间张力的讨论。

16.古莱特.D.《发展伦理:理论与实践指南》,伦敦:泽德图书出版社,1995.本书的写作视角是支持"人的发展"路径。

17.哈丁.G.《救生艇伦理观：不救穷人》，参见《全球伦理：开创性论文》，伯格和霍顿（编著），2008：15-27.这篇文章最初发表在《当代心理学》8（4）（1974）：38、40-43、123-124及126.这是功利主义反对帮助世界上穷人的著名实例。

18.哈维.D.《对正义环境的思考》，参见《全球伦理与环境》，洛（编著），1999：109-130。作者从后现代主义视角出发，论述了不可能确定何为环境正义以及追求环境正义的必要性。

19.海沃德.T.《基本环境权利》，牛津：牛津大学出版社，2005.本书系统论述了国家政体中人类对环境权利的制度化。

20.贾格尔.A.《"拯救灵魂"：妇女全球正义与文化间对话》，参见《全球伦理：开创性论文》，伯格和霍顿（编著），2008：565-603.这篇文章最初发表在《真正的世界公平》（2005），A.福尔斯达尔和T.伯格（编著），多德勒支：施普林格出版社：37-63.作者对奥肯和努斯鲍姆的观点提出批评，强调"文化"是妇女受压迫的关键因素。

21. 洛.N.（编著）《全球伦理与环境》，纽约：罗德利奇出版社，1999.本书提出可持续发展伦理的不同视角，是一部极有价值的论文集。

22.麦金蒂.R.和威廉姆斯，A.《冲突与发展》，伦敦：罗德利奇出版社，2009. 本书探讨了当代世界政治中冲突与发展问题相互关联的方式。

23. 尼尔森.K."全球正义可能吗"，《共和国》（四）（2），1998：131-166. 这篇文章是在马克思主义影响之下对国际发展思想所做的批评。

24.诺齐克.R.《无政府主义、国家与乌托邦》，牛津：布莱克威尔出版社，1998.本书从自由意志主义、契约论的视角出发，反对向穷人进行财富再分配，针对的主要目标是罗尔斯的《正义论》（1971）。

25. 努斯鲍姆.N.《妇女与人的发展》，剑桥：剑桥大学出版社，2000.本书阐发了基于人的发展伦理框架，探讨了在印度妇女地位方面人类繁荣的最低标准。

26.奥尼尔.O.《救生艇地球》，参见《全球正义:开创性论文》，伯格和莫勒恩道夫（编著），2008a:139–155.这篇文章最初发表在《哲学与公共事务》4(3)(1975):273–292.该文是在道义论基础上对全球富人帮助全球穷人的义务所做的最早论述之一。

27.奥尼尔.O.《权利、义务与世界饥饿》，参见《全球伦理:开创性论文》，伯格和霍顿（编著），2008b:139–155.这篇文章最初发表在《贫困与社会正义》，F.希门尼斯（编著）(1987)，亚利桑那州潭蓓谷:双语出版社:86–100.该文探讨了权利话语作为构建跨国人道主义道德义务适当方法的局限性。

28.普拉姆伍德.V.《从权利到认可的生态伦理:人类、动物与大自然的各种正义领域》，参见《全球伦理与环境》，洛（编著），1999:188–212.这篇文章采取的是汲取了女性主义观点的环境伦理路径。

29.伯格.T.和霍顿.K.(编著)《全球伦理:开创性论文》(第二卷)，圣保罗:帕拉冈出版社,2008.

30.伯格.T.和莫勒恩道夫.D.(编著)《全球正义:开创性论文》(第一卷)，圣保罗:帕拉冈出版社,2008.本论文集及上述论文集汇集了全球伦理方面极有影响的论文。我在参阅这两部论文集中的论文时，也把正在讨论文章的最初发表信息包含在内。

31.罗尔斯.J.《万民法》，马萨诸塞州剑桥市:哈佛大学出版社,1999.本书从契约论视角出发，为富国对穷国义务的有限性进行辩护。第五章将对这一问题进行更为详细的探讨。

32.罗滨逊.F.《国际关系语境内的关怀批评伦理》，参见《把关怀全球化:伦理、女性主义理论与国际关系》，科罗拉多州波尔得:韦斯特维尔出版社,1999:137–168. 这篇文章阐述了女性主义关怀伦理对应对贫困和欠发达问题的意义。

33.D.B.罗斯.《原生态与关联伦理》,参见《全球伦理与环境》,洛(编著),1999:175–187.这篇文章基于列维纳斯伦理观的基础之上,赞同与土著人民进行对话。

34.施密兹.D.和威洛特.E.(编著)《环境伦理:什么真正的重要,什么真正起作用》,纽约:牛津大学出版社,2002.本书收录了关于环境伦理的各方面资料。

35.森.A.《不挨饿的权利》,参见《获取食物的权利》,P.奥尔斯顿和K.托马西维斯基(编著),波斯顿和乌得勒克:米奈霍夫出版社,1984.在这篇文章中,作者详尽阐述了"元权利"作为确立不挨饿的人权的方式这一概念。

36.森.A.《发展的概念》,参见《全球伦理:开创性论文》,伯格和霍顿(编著),2008:157–180.这篇文章最初发表在《发展经济学手册》(第一卷)(1988),H.切纳里和T.N.斯林尼维森(编著),阿姆斯特丹:爱思唯尔科学出版社B.V.9–26.作者向完全依赖于对发展经济化式理解的发展观提出质疑。

37.苏.H.《基本人权:生存、富足与美国外交政策》,普林斯顿:普林斯顿大学出版社,1980. 本书对基于需求基础之上的基本人权所做的论述极有影响力。

38.苏.H.《生存排放与奢侈排放》,参见《全球伦理:开创性论文》,伯格T.和霍顿,K.(编著),2008:207–232.这篇文章最初发表在《法规与政策》15(1)(1993),39–59.作者认为,需要国际上达成共识,从而限制温室效应气体的释放,以尊重最穷者的基本人权。

39.辛格.P."跨越种类界线的伦理",参见《全球伦理与环境》,洛(编著),1999:146–157. 这篇文章为辛格的所有具备感觉力的存在都具有道德地位的观念进行辩护。

40.辛格.P.《一个大气层》,参见《一个世界:全球化伦理》(第二版)第三章,纽黑文:耶鲁大学出版社,2004:14-50.作者提出,富国应该为限制温室效应气体排放物的大笔花费埋单。

41.辛格.P.《饥馑、富足与道德》,参见《全球伦理:开创性论文》,伯格和霍顿(编著),2008:1-14.这篇文章最初发表在《哲学与公共事务》1(3)(1972),229-243.这是一篇极为重要的文章,在20世纪70、80年代曾经激发了对紧急援助与饥荒救济的伦理路径的大量著述,现今仍旧是当代讨论的参照点。

42.史坦马克.M.《环境伦理与政策制定》,奥尔德肖特:阿什盖特出版社,2002.本书对可持续发展的含义与意义提出了伦理的质疑。

43.托马斯.C.《贫困、发展与饥饿》,参见《世界政治全球化》,贝利斯等(编著),2008:468-487.这篇文章对自"二战"结束以来的国际发展政策进行了简介性概述。

44.昂歌尔.P.《过奢侈生活,听凭人饿死:我们的无辜幻觉》,纽约:牛津大学出版社,1996.本书顺沿着辛格的观点:个体具有给予处于特别穷困状态之人帮助的义务。

45.沃伦.K.《关怀敏感伦理与定位的普遍主义》,参见《全球伦理与环境》,洛(编著),1999:131-145.这篇文章论述了环境伦理的关怀路径。

46.沃伦.K.《生态女性主义哲学是什么及它为何重要:一个西方视角》,兰纳姆:罗曼和利特尔菲尔德出版集团公司,2000.对生态女性主义伦理更为深入的讨论,参见第五章和第八章。

47.温兹.P.S.《当代环境伦理》,牛津:牛津大学出版社,2001.本书对环境伦理之内的各种视角的范围进行概述,是一部极有价值的论著。

48.伍兹.N.《全球化时代的国际政治经济》,参见《世界政治全球化》,贝利斯等(编著),2008:242–260.这篇文章对自"二战"结束以来的全球经济发展进行了简介性概述。

第五章

全球分配公平伦理观

–本章导读–

在上一章中，我们探讨了紧急援助和发展援助的伦理观,考察了援助关系中富人的义务和穷人的权利问题。我们还考察了发展伦理如何与无限制的经济增长对全球环境产生的危险处于复杂的张力。因此,对援助和发展的讨论,必定会提出在当今世界秩序中对财富分配的道德评价问题,即不同人类需求得到满足的方式及"发展"作为解决贫困问题的方案的观念。在本章,我们将考察发展全球分配公平理论的一些尝试。这些理论能够提供一个尺码,不仅可以用来评价发展项目伦理或人道主义援助伦理,还可以用来评价普遍的全球经济布局的正义。在讨论过程中,我们将会看到,跟援助伦理一样,全球分配公平伦理讨论总是与其他伦理问题交织在一起,譬如权利对集体整体或文化民族自决的内在价值、经济权利或福利权利与其他个体权利之间的关系、移民伦理、对极端贫穷的道德责任在当代世界的定位这些伦理问题。我们首先讨论罗尔斯的两个阶段国际分配公平契约观以及各种相关契约伦理和美德伦理,这些理论都赞同对国家**内部**和国家**之间**分配公平进行明确的区分。在第二部分,我们将探讨这种内外部区分对分配公平要求的伦理意义所做的批评,然后简要考察罗蒂的当前不可能在全球进行公平分配的观点。结论部分,我们将思考本章和上章探讨的观点对于"何人如何欠何人什么"问题的意义,并对这些论断的伦理利害关系进行总结。

-正义的两面性-

在第二章,我们以罗尔斯的著述为例,对当代契约道德理论进行了探讨。罗尔斯《正义论》(1971)一书的重要性,既在于契约论方法, 又在于他从这一方法中得出的实质性意义。我们在前面已经看到,罗尔斯使用了假设的"原初状态"方法。在"原初状态"中,参与者拥有理性的自我利益,知晓普遍性,包括对某些"基本物品"的渴望,但他们并不确切地知道从社会地位、财富、性格、能力来看他们身为何人,而这些方面都是依据其形成的正义原则才得以构建出来的。接下来就是三个正义原则,首先是平等自由原则,这一原则确立了众所周知的自由主义公民权利和政治权利。另外两个是明确的分配原则,即机会平等原则和"差异"原则。根据这两个原则,只有在为了改善最贫困者的境况时,才允许物质不平等的存在。在《正义论》一书中,罗尔斯提出,正义只适用于人们参与社会合作方案的时候,他断定这种方案只适用于国家内部而非国家之间。在该书中,罗尔斯讨论了国家间的关系,确定了不干预的最低原则、履行协约的义务以及对战争法的尊重,但他并没有给予分配原则一个位置。不同国家个人之间的关系与正义毫无关联(罗尔斯,1971:377-382)。《正义论》的论证方式与契约传统保持一致。这里的启示是,任何人都会看到罗尔斯原初状态中的论断毫无争议,因此接下来的正义论也应该具有普遍的魅力。但是,在他后来的著述中,部分是为了对批评家做出回应,罗尔斯承认他的正义论把自由主义社会的正义本质有效地具体化了,而没有提供对普遍的正义所做的完全中立的论述。正是在他这次对《正义论》中提出观点的地位发生思想转变之后,罗尔斯的注意力再次转向了《万民法》(1999)中的国际正义问题。

对罗尔斯而言,国际正义也以契约为基础,但这不是个体之间假设的契约,而是"民族"之间假设的契约。民族和国家是有区别的,因为民族反映出它们自己建立联系所依据原则的特征,而国家独立于民族,在某种程度上更接近霍布斯自然无政府状态中的安全最大化者,"在提出一个原则来调解民族之间的相互关系时,一个民族或其代表必须坚持他们不仅有理由提出这个原则,而且其他民族也要有理由接受这个原则"(罗尔斯,1999:57)。

罗尔斯的出发点是自由主义民族和现有国际社会原则。在他看来,这些民族要对这些原则达成共识,从而调节其间的事务(自由民族间的正义)。罗尔斯提出民族之间的八条正义原则,其中第一条就是尊重其他自由民族的自由和平等。接下来,罗尔斯推断出一套与非干预、遵守战争法等相关的要求,其中包括以前在《正义论》中已经阐明的那些方面。有两个原则与民族之间的分配公平问题相关,一是民族看重人权,二是"民族有责任帮助生活在不良状况下的其他民族,这种状况使得后者无法拥有公正或体面的政治和社会体制"(罗尔斯,1999:37)。接下来,罗尔斯探讨了非自由主义民族及其与自由主义国家之间万民法的关系。在对不同类型的非自由主义民族进行区分之后,罗尔斯得出了四种理想类型的民族:体面的等级民族、剥夺公民权的民族、遭受不良状况的社会以及仁慈的专制政体。他认为,在这四种类型中,只有"体面的等级民族"才赞同自由主义民族法,主要是因为他们内在的组织符合正义的某些最低标准,其中包括尊重基本人权这一根本要求。在罗尔斯看来,人权是自由正义中所包含的更为广泛的个人权利。他把这些权利等同于生命、自由、财产和形式平等的权利(罗尔斯,1999:65)。生命的权利涵盖生存手段和安全权利。

罗尔斯把自由主义和体面的等级民族描述为"井然有序"。万民法本质上制订了民族之间能够相互容忍的条件,因而它是有限制的。剥夺公民权的国家里有暴君般咄咄逼人的政府,侵犯自己公民的人权,尤其是安全、自由和平等的权利,并且对其他国家也构成威胁。因为这样的国家超出了自由主义或体面民族所能容忍的限度,因此可以对其事务实施干预。但是,这种干预的目的是让剥夺公民权的国家最终井然有序,因此这样做符合万民法。对"遭受不良状况的社会"进行的定位,尽管同样也是从井然有序的社会视角出发,但却具有不同的含义。

遭受不良状况的社会不具扩张性和侵犯性,缺乏政治和文化传统、人力资本和基本技能以及井然有序所需要的物质和技术资源。(相对)井然有序的社会其长期目标是把遭受不良状况的社会——跟剥夺公民权的国家一样——带入到井然有序的民族的社会。井然有序的民族有责任帮助遭受不良状况的社会。但是，这并不是说，实施这种帮助责任的唯一方式或者说最佳方式是遵循分配公平原则，以此调节国家之间的经济和社会不平等。（罗尔斯，1999:106）

罗尔斯列举出几个原因，阐述他论述的自由主义国家分配公平方案为何不能应用于《万民法》之中。一个原因是，罗尔斯认为富裕的民族与井然有序的民族之间并不存在必然的联系。在《万民法》中，后者的目标极为关键。第二个原因是，罗尔斯认为不同民族财富水平与其政治文化内在地关联在一起。在某种程度上，罗尔斯顺沿了森的观点：把饥荒视为权利的缺失，而不是资源的匮乏。罗尔斯认为，解决遭受不良状况的社会基本结构问题，要比提供直接的经济援助更为重要。罗尔斯提出的第三个原因是，民族自决作为被家长式援助所削弱的原则和方式的重要性。支撑罗尔斯对不同民族之间分配公平进行限定的伦理观是以下的假定：民族本质上要为自己的经济负责，民族的经济运行是相对分离的（罗尔斯，1999:108）。井然有序的民族对遭受不良状况的社会所承担的援助责任，令人联想起上章中讨论的发展援助基本原理，在于其目的是确保这些社会能够进行自我管理，而不是给所有人援助一些物品。在《万民法》的结论部分，罗尔斯把他的观点与世界主义观进行对比，后者把个人作为国际分配公平的参照点。罗尔斯坚定不移地认为，万民法指的不是个人而是集体。

罗尔斯并非是唯一力图在社会内部——而不是之间——对正义原则进行区分的人，许多思想家也遵循同样的路径。这类论点通常依赖契约论思想、麦金太尔美德伦理中固有的道德语境论或者二者的结合。譬如,内格尔依据霍布斯的契约论观,认为正义取决于实施的机制,这些机制只是存在于国家内部而非国家之间。在这样的基础上,他认为分配公平方案只能应用于国家内部。如果没有世界性国家,那么全球分配公平的观念就毫无意义(内格尔,2005)。米勒则从极为不同的契约观出发,把内部与外部区分的道德合法性定位在国家的民族自决原则以及公民之间关系所固有的伦理品质。对米勒而言,国家内部分配公平方案是以民族共识的可能性为依据,后者在公民之间建立起一套独特的义务,从类型上看,这些义务与可能超越政治边界的人类义务极为不同(米勒,2008)。此外,米勒还认为,这些独特的义务置于国家的休戚相关之中,这样一来,同一国家的公民就可能认识到纳税可以帮助同胞,但它却同时有效地使培养可能具有同样效果的全球性休戚相关异常困难。根据这一观点,国家民族自决原则不仅意味着政治社会必须为其成员负责,还意味着民族自决和全球正义原则观之间存在着必要的张力。

沃尔泽提出一种不同观点,其论点建立在对道德最大化和道德最小化之间所做区分的基础之上(沃尔泽,1994)。所谓道德最大化,指的是置于文化和历史之中的复杂的道德传统;所谓道德最小化,指的是可以从具体的最大化道德中抽取出来的原则,以此提供一种普遍拥有的共同道德词汇。对沃尔泽而言,道德最小化所做的工作相当有限,它充其量只能对他人产生的极端不公平形成共识,促进与罗尔斯《万民法》中第一条原则极为相似的宽容原则。沃尔泽认为,分配公平原则总是最大化的。这是因为,在他看来,在不同的最大化道德之间,对于某种东西是可以分配的"好"东西,存在着不同的认识。这反映出,对于在具体文化和历史语境内过着好生活究竟意味着什么,人们有着不同的理解。沃尔泽以罗尔斯《正义论》中的"机会平等"原则为例,说明这一原则的基点是把人的生活理解为"事业",这是现代自由主义社会所特有的,在其他语境内不会有任何意义。出于不同的原因,内格尔、沃尔泽和米勒与罗尔斯在《万民法》采取的立场极为相似。分配公平方案只适用于社会或国家内部。超越这些范围,就会有所要求,才会出于人的义务或是为了获得国家之间(而不是个人之间)的正义而给予援助,也就不过如此。这一立场的暗含之意是,分配公平取决于政治社会之间的明显界限。在沃尔泽那儿,这意味着国家社会必须有控制移民的权利,不仅为了维持国家内部物品的可获取性,而且还使得在任何既定国家社会内部对正义的最大化理解得以维持(沃尔泽,2008)。

思考题

1. 全球分配公平原则的应用范围应该是政治社会而非个体之间吗?

2.沃尔泽认为,分配公平观是"最大化"的,因此它总是针对某些特定的生活方式而言。你觉得这种观点有说服力吗?

–正义不是两面的–

我们可能会想,接下来的论述在上章已经讨论过,分配公平方案应该只适用于政治社会内部,而不是其间,这种观点已经从各种伦理视角进行了大量讨论。广义来讲,认为正义不具有"两面"性的观点可以分为两类。首先,有些论断认为,人对于某些经济物品的分享权利独立于实际经济关系和环境(它们为何、如何出现的等)的道德原则或价值观。其次,有些论断把经济关系和环境视为在道德上相关,但却不赞同这些环境在实践上并不受罗尔斯或沃尔泽提出的政治社会或文化共性的约束。功利主义就持第一种观点,我们已经看到,它削弱了人道主义义务和正义义务之间的区分,"当受到公正评价的考验时,就很少有充分的理由去优先考虑同胞的利益;让人们在可能的情况下以极小的代价使处于真正需求的他人拥有极为不同的幸福,根本就没有理由无视这时候出现的义务"(辛格,2004:180)。

对辛格而言,倡导人类幸福的义务并非是无条件的。公正的标准是,每个人——按照边沁的要求——只能视为是一个人,谁也不能大于一个人。因此,每个人都有解决世界贫困的绝对义务,直接的方式可以通过慈善馈赠,间接的方式可以通过倡导公正的体制,从而对援助供应和世界经济的管理进行控制。

传统上,在对全球再分配方案所起的辅助作用方面,基于权利的正义观不如功利主义观那么明显。这是因为,在自由主义人权的主导传统中,基本权利等同于所谓的"负面"安全和自由权利,而非"正面"经济权利。负面权利被视为更为根本,因为这些权利只要求他人克制某种行为(不杀害、不折磨、不偷窃)。正面权利,譬如生存手段、医疗保健或教育的权利,在上一章已经指出,要求相关责任承担者进行识别,并采取正面行动。亨利·苏基于权利之上对国际正义进行了论述,他对此问题进行了回应。在谈到基本人权时,苏不赞同对负面/正面进行区分(苏,1980)。对苏而言,首先,人们可以把经济权利(譬如生存权)以及自由和安全识别为基本人权,因为这些方面相互预设:没有生存手段,生命和自由权利就毫无意义;没有生命和自由,那么生存手段就不值得拥有。其次,苏质疑了以下的观点:自由权和安全权不要求责任承担者大量的正面行为。他指出,法律和刑事司法体制对维护人们不被谋杀、折磨、抢劫等的权利非常必要。根据苏的观点,这意味着,从根本上讲,保障不了生存权的社会就是不公平的社会。苏把充足的衣食、最低限度的医疗保健和无污染的空气和水都涵盖在他的生存权利之中。罗尔斯也坚持生存是人权,但跟罗尔斯相比,苏认为保障生存权要求国际政治和经济体制进行变革。即使全球再分配方案可能与我们个人的直接利益背道而驰,但我们都有义务构建拥有分配公平机制的世界体制,从而应对侵犯当今世界那么多人生存权利的非正义行为。

许多理论家追随苏的思想,倡导基于权利的全球分配公平理论。在有些情况下,这样的理论以道义论倡导的人的内在平等道德价值为依据,而其他理论则视人权更自然地置于普遍人的利益或需求之上。但无论它们怎样有依据,权利理论使人们生活的具体状况与合法的正义观毫不相干。对于其他基本人权而言,关键在于你不能丧失拥有足够食物的权利。尽管在你拥有食物时,如何处置完全取决于你个人,但食物是你所拥有的使你之所以为人的东西。然而,跟功利主义不同的是,基于权利的理论坚持在正义义务与人的义务之间做出区分。关于如何规定经济权利,理论家的看法有所不同,有人给出了更为最大化的看法,但尊重这些权利与进一步把福利最大化的开放式目标并不一样。在持有基于权利观的那些理论家看来,如果履行了生存权,那么正义就可以得到实现。除此以外,你可能依旧比别人穷苦,但经济不平等或相对贫困这一事实本身就并非不公平。

努斯鲍姆的全球正义"人类能力"论带有强烈的后果导向,并激烈地反功利主义。在努斯鲍姆看来,功利主义的一个问题是,它把前提置于对平等观念的道德思考之上,后者在本质上错误地表述了人们之间实际的全球不平等。这意味着功利主义没有顾及贫困、权利丧失及文化所扭曲的偏袒,譬如,有人总是处于维持生计的生存水平或习惯于被视为地位低下,有人则习惯于较高的生活水平和个人尊重,这些人对于"真正匮乏"的含义会有不同的诠释。对努斯鲍姆而言,功利主义没有提供识别真正匮乏的方法。此外,正如我们在上章看到的那样,她还认为,功利主义的发展观实际上非常粗糙,没有考虑到人们的实际情况。

在《女性和人类发展》(2000)一书中,努斯鲍姆发展了一种全球正义女性主义观,对女性主义关怀观和后现代主义观都提出了批评。努斯鲍姆对关怀伦理和后现代主义伦理的批评与其对功利主义的批评相关联,在于她认为这些观念没有考虑到人们的期望和自我价值受到极度贫困状况扭曲的方式。在她看来,关怀伦理对女性工作的评价存在着把传统的不平等男女劳动分工合理化的危险（努斯鲍姆，2000：241-297）。同时，后现代主义对多元文化的尊重，使其处于丧失对女性地位进行批评的能力这种危险，在非西方文化中尤为如此。在这一方面，努斯鲍姆显然欣然接受了一种女性主义正义伦理，奥肯也提出了类似的理论（奥肯，1989，2008）。后者认为，概因后现代主义正义论反对女性的状况在任何文化都是相似的这种观点，因此它并不对女性的受压迫地位进行批评，除非女性本身公然提出这一点。这样一来，就未能解决一些文化中存在的问题，因为这些文化要么教导女性接受自己的劣势状况，要么不给她们阐发自己所关心事情的空间（奥肯，2008；对努斯鲍姆和奥肯的批评回应，参见贾格尔，2008；关于关怀论对全球分配公平的辩护，参见罗滨逊，2006）。

相对于功利主义或非普遍主义女性主义伦理，努斯鲍姆更为同情基于权利的理论。尽管如此，努斯鲍姆还是坚持，在对全球正义的论述中，这些（基于权利的）理论更倾向于道德最小化。在她看来，基于权利的理论对正义与人性之间的界限划分得太浅，在处理相关责任问题时陷入了泥潭。因此，她更愿意把理论建立在对人性善的描述之上，"我的主要主张是，我们不能凭靠把国际合作想象为同样处于自然状态中的几方之间互惠的契约，以此解决全球正义问题。我们只能凭靠思索所有人都过上丰富生活所需要的东西来解决（这个问题）"（努斯鲍姆，2005：97-98）。

然而，尽管努斯鲍姆赞同美德观高于基于权利的全球正义观，但是根植于能力的"人类权利"观念和置于人类基本需求或兴趣的人权理论之间存在诸多共同之处。跟苏的观点一样,努斯鲍姆的理论是整体性的,经济物品的公平分配与使人类生活有价值的其他方面内在地关联起来。跟苏的观点还一样的是,根据努斯鲍姆的看法,她对人性善的论述中固有的伦理标准要求做出体制的回应,其中包括富国把他们国民生产总值的大部分给予穷国,多国公司有责任在其运作的区域里提升人类的能力(努斯鲍姆,2005:215)。

努斯鲍姆的全球正义观主要来自做人所蕴含的道德意义。因此,她也特别批评全球正义的程序主义论,譬如罗尔斯的两个阶段契约论思想。但是,对其他理论家而言,基本人权本身并没有充分阐明全球正义的要求。这些义务也与人是历史地关联在一起的具体方式交织在一起。持这种观点的理论家承认罗尔斯契约论中实施社会合作共同方案的人们之间互惠关系的特殊伦理相关性,但他们把这些关系视为超越了政治社会的界限。

对分配公平两面性最为著名的一个论驳是贝茨提出的。在《政治理论和国际关系》(1999)一书中,贝茨向罗尔斯的两个阶段理论发出直接挑战。贝茨利用罗尔斯的理论反对罗尔斯,他认为自然资源的差别性地域分布和个人之间跨境的经济独立意味着, 全球分配公平必定成为原初状态之人的关注。一旦承认这一点,他认为罗尔斯《正义论》中的结论将会随之出现,处于原初状态的人会选择全球差异原则。关于罗尔斯,伯格也提出了类似的观点(伯格,2008a),阐述了完善的全球正义理论,把"体制性"的人权立场与经济相互依赖论带到了一起(伯格,2008b)。伯格体制论的主要目的是把正义与人之间的限定设置得比其他基于权利的"互动主义"理论更高一些,"在人权的互动认识方面,政府和个人有不侵犯人权的责任。相比而言,在我的体制认识方面,他们的责任是创造出一种体制秩序和公共文化,确保所有社会成员都可以安全实现其人权目的"(伯格,2008b:71)。

根据伯格的论述,正如所有人都具有不被谋杀的权利和不谋杀他人的责任一样,所有人也都具有不处于极端贫瘠(饥饿、疾病和夭折的危险)状态的权利。相应地,所有人都有责任遏制自己不侵犯这一权利。在经济相互依赖的情况下,过去的殖民主义和现在的控制全球政治经济的体制意味着一些富有社会在控制着全球经济后果。伯格的结论是,这意味着富人拥有绝对的责任来积极阻止对穷人权利的侵犯,这是正义之事。再回到辛格的落入河塘的孩子那个类比,伯格认为,这歪曲了全球经济中富人与穷人的关系,那个成年人不是单纯的"帮助者",而首先是把孩子推入河塘之人。伯格的论述与罗尔斯的观点直接对立起来,后者认为人们的经济是相对无条件的,人们之间生活标准不平等的主要原因与国内政治文化有关。伯格还把基于权利的正义论推向更远,声称我们已经处于一种体制秩序之内,能够应对当前全球财富分配中固有的深刻痼疾。这就暗示着,需要全球财富再分配的强制性方案,譬如"全球资源红利",使基于权利的正义原则支撑全球经济交易,这会关涉到世界经济调节方面的重大改革。

作为富足的人和富有的国家,我们当然具有积极的道德责任去帮助陷入生死攸关的贫穷困境之中的人们。我们只需付出很小的代价就可做到这一点。但是,这一标签也有损于我们更为重要的负面责任,即应该减少我们已经导致的严重破坏,不应该以牺牲受害者为代价来利用非正义。如果我们(有时还有第三世界的精英们)施加一种全球秩序,其不公平性使我们受益,却加剧了国外的严重贫困,那么这两种负面责任就适用于我们(伯格,2008c:552)。

伯格的著述不仅强调了当前全球财富分配的非正义,还强调了这种非正义是如何出现的,以及它如何在当前世界秩序中得以维持的道德关联性。对伯格而言,正义是全球性的这一思想具有两层含义。第一,因为所有人都拥有普遍人权;第二,因为我们生活在全球化经济之中,长期以来,这种经济结构已经是非正义的了。跟其他基于权利的理论相比,这一观点的主要优势在于,它探讨了在涉及即时而非在规划的未来应对全球贫困之时,如何识别义务承担者的问题,奥尼尔在上一章也关注到了这一问题。但是,正如坎尼指出的那样,伯格坚持把负面责任视为在道德上"更为重要",这就通过把应对极端需求的无条件责任限定在实施伤害的责任承担者那儿,仍然在对正义与人道进行区分。换言之,如果你承担着施加灾难的某些责任,那么你对减轻这一灾难就担负有更大的责任。譬如,如果你是制订全球经济秩序规则的主导经济精英,这种身份要比你不是其中一员所担负的责任更为重大。这就把那些受到像地震这样的自然灾害伤害的人与那些被殖民史剥夺权利的人置于不同的道德地位。伯格坚信人们之间互惠关系的道德意义,因此,在他的观点与罗尔斯和米勒这些理论家的思想之间就有一种连续性。罗尔斯和米勒都只能在假定富国及其公民并不直接对穷国及其公民的境况承担责任的基础上，才对国家内外的正义进行明显的区分（坎尼，2005）。

从辛格到伯格，反对正义两面性的论述向国家内部和国家之间的正义是不同的这一观点发出挑战。这一挑战的关键之处是，在契约、民主或文化的基础上，摈除了有界限的政治社会本身的伦理意义，尽管大部分全球正义理论家都认为，对实现全球正义的目标来说，国家依旧是一种重要的工具机制。毫不奇怪的是，这些全球观——尤其是努斯鲍姆和伯格的激烈说辞——遭到那些坚持两面论实效性的理论家的反对。极为争议的问题有：在某种意义上，富国应为穷国的状况而遭受谴责（罗尔斯对伯格），全球正义论是否为政治、文化帝国主义的问题（奥肯与努斯鲍姆对贾格尔），允许无限制的经济移民是否为实现正义要求的一种方法的问题（卡伦斯对沃尔泽；参见卡伦斯，2008；沃尔泽，2008）。

思考题

1.上面第二部分讨论的所有思想家都认为，当前全球经济秩序是非正义的。你赞同这一说法吗？如果赞同的话，那么理由为何？

2. 伯格基于权利的全球正义体制论暗示着什么样的个人或集体道德责任？

–超越国家主义与全球主义的僵局–

在《跨国正义的批评理论》一文中，雷纳·福斯特力图利用话语伦理资源,找到一种方法来打破国家主义全球正义与"全球化"批评之间双面观的明显僵局(福斯特,2001:170)。他的这一做法顺沿了伯格的思路,把正义判断与其他类型的道德判断区别开来,因为这样的判断关涉到责任的分配。但是,福斯特认为,正义的观念必须在不同层面、不同语境中运行,这样就把正义**关联**在地方、国家、国际和全球的语境之内。此外,还要允许在不同语境内的正义指涉不同的东西。这样做是有可能的,因为话语不仅仅关系到具体的后果,还关系到证明理由正当的做法,其中所有受影响之人都应有参与权。理由正当原则最为根本,其适用性并不关涉**实际**的政治语境。但是,接下来,福斯特指出,证明理由正当的**实际**做法必定出现在某些政治语境之中,因此,出自理由正当原则的体制规定就有可能在不同政治社会而有所不同。在具体政治社会中施加"浓厚的"全球正义论,违背了理由正当原则中固有的政治和文化自决的权利。但是,为了使这些基本权利得到尊重,就需要全球正义的存在。

要打破内部和外部多种控制的恶性循环,**在一些国家和国家体制内部建立政治自主**,就需要最小化的跨国正义原则。根据这一原则,多种统治社会的成员拥有资源合法权,这种合法权利对他们在其政治社会内部确立(最小化)理由正当的民主秩序极有必要,**而且**,在全球经济和政治体制中,这一社会的参与者具有同等的地位(福斯特,2001:182)。

在福斯特看来,可以利用话语伦理对国家主义和全球主义的洞见进行调和。话语伦理允许控制关系的复杂性,其中非正义的责任可能在于全球经济体制,也可能在于地方文化或腐败。话语伦理也把对政治社会中政治和文化自主的尊重与对全球结构有效的削弱这一自主方式的认可关联起来,前者在某种程度上与罗尔斯、米勒和沃尔泽的观点相吻合,后者则是伯格的观点。与上述所有思想家的观点一致,话语伦理坚持最低限度的人权,这是理由正当原则所固有的,支撑着国家正义和跨国正义。

使用话语伦理探讨当代全球分配公平理论中国家主义与全球主义僵局的另一理论家是本哈比(本哈比,2004)。把讨论扯裂开来的一个问题关涉到政治社会中成员关系的伦理意义。国家主义理论——譬如沃尔泽的理论——把政治社会成员关系的排他性特征与强健的分配公平可能性条件关联起来。因此,这些理论坚守政治社会权利,以此限制人们的跨境活动,并对公民权加以控制。相比而言,全球主义理论根本不关注这样的政治成员关系的伦理意义。正如卡伦斯指出的那样,基于权利的立场和功利主义立场都对开放式边界持坚决的态度(卡伦斯,2008)。本哈比依据话语伦理观,认为这两大极端立场都有缺陷。国家主义立场有缺陷,因为它混淆了(那些潜在地受到边界开放与关闭影响的)伦理社会的界限与(当今社会成员的)政治社会的界限。全球主义立场有缺陷,因为它把全球正义的成就置于民主过程之上。本哈比对关闭或开放的边界没有采取固定不变的立场,而是赞同"民主的重述"过程,本质上这是某些边界内外的人之间的辩证约定。对于福斯特而言,答案在于某种过程,而非具体的后果。

反思一下,人们可能会想,鉴于话语伦理的道义根基,跟国家主义思想家相比,福斯特和本哈比的观点在形式和实质方面都与全球主义思想家更为密切地联合在一起。尽管福斯特坚持相反的观点,但很难把他"理由正当的民主秩序"与罗尔斯"秩序井然的体面社会"调和起来,也很难把获得最小化民主所需要的资源要求与罗尔斯的成为秩序井然社会主要并不是资源问题这一观点调和起来。此外,尽管福斯特声称理由正当原则内固有的人权在文化方面是中立的,相当于沃尔泽的"薄"道德,但这要取决于对理由正当过程的有意义参与意味着什么的抽象化论述,后者支撑"厚"道德,而非从"厚"道德推断而来。福斯特的道义论比沃尔泽的"薄"道德分量要重,在分配公平含义方面尤为如此。在本哈比那儿,正如她自己承认的那样,她对全球主义的批评最终更多地取决于普遍主义的民主过程承诺,而不取决于对有界限的政治社会内在价值的认可。但是,说到这里,这些观点对指向国家主义观和全球主义观之间某些共同依据方面非常有用。罗尔斯、米勒和沃尔泽这些国家主义者接受了最小化普遍人权观。努斯鲍姆和伯格这些全球主义者认为文化敏感和民主过程对于全球正义观非常重要。这些思想家都没有想象出来一个世界国家,在这个国家里,对全球正义问题的政治解决方案是要把所有的国家都置于一个主权秩序之下。尽管这些思想家有着诸多不同,但在许多方面,全球正义的主流观点都使用同样的道德和政治词汇。在这种词汇里,人类成员的关系及政治经济秩序成员的关系具有伦理意义,尽管方式和程度都极为不同。

思考题

你如何看待全球民主和全球正义之间的关系？其中一个能否离开另一个而独立存在？

–全球分配公平的不可能性–

从罗蒂的后现代主义、实用主义视角看，到目前为止探讨的所有观点都包含有人类、国家或民族作为道德社会所犯的错误。在《我们为何人：道德普遍主义和经济治疗类选法①》一文中，罗蒂指出，全球分配公平理论依据的是哲学普遍主义，后者只能出现在某一物质富足的西方历史之中（罗蒂，2008：317），出现在"我们"认同为共同道德社会一部分的人的道德观或政治观与人性所谓的真正形而上或科学观之间的根本性混淆之中。在罗蒂看来，道德观或政治观与某种内在的实质无关，而与我们所渴望的道德社会有关，我们对这一社会的承诺只能在实践中才会显而易见。罗蒂认为，无论在其自己国家的语境内，还是在全球经济秩序的语境内，富人是否支持国家、民族或人类作为道德社会一部分所承担的义务，这一点根本不清楚。这并非因为富有权势者道德特别败坏，而是因为只是没有充足的资源，让富有权势者维持其道德社会以及对他人的需求做出充分的反应，"如果你帮不

---

① 治疗类选法（triage）是根据紧迫性和救活的可能性等在战场上决定哪些人优先治疗的方法。罗蒂运用这一概念指出全球分配中决定哪些人应该优先得到帮助。——译者注

了需要帮助的人,那么声称自己身为道德社会的一部分就是空虚的"(罗蒂,2008:321)。恰恰相反,在罗蒂看来,我们所看到的是国家内部和国家之间持续不断的经济"治疗类选法"。在这些国家里,富人和权势者总是依据他们所认同的道德生活,决定何人应该得到帮助。

政治上可行的平均主义财富再分配工程要求有足够的资金,从而确保再分配之后富人仍能够认可自身,仍然认为自己的生活值得过下去。富人能够把自己视为与穷人处于同样道德社会的唯一办法是,参照某种给予穷人孩子希望,同时又不会剥夺他们自己孩子希望的方案(罗蒂,2008:323)。

据称罗蒂的观点是哲学观,他显然依赖对"道德社会"意义的理解,用以认同社会其他成员具有同样的道德意义,拥有同样的道德或政治目标,因此跟这一社会里任何人一样拥有同样的权利和机会。在罗蒂看来,如果我们打算认真对待自由主义全球正义理论,那么这就意味着,必须把同样的权利和机会拓展到每个人那儿。这一点意味着,如果在实践中我们对局内人和外来者加以区分,那么声称我们是人类道德社会这一说法本身就很虚假。在这一方面,罗蒂提出了对全球分配公平的一种特别精确的理解,这一理解超越了上述讨论的"最厚实"理论,也许超越了最强硬的功利主义立场。此外,罗蒂还依据经验主义论,认为全球分配公平的存在,必定对全球富人的地位和民主福利体制产生严重的负面影响。富人的财富使得这一民主福利体制有可能存在,后者又确定了富人的道德社会。这种观点显然与罗尔斯、辛格及伯格这些理论家的观点形成对比,前者认为自由主义政策并不主要取决于资源丰富,后两者认为满足人们的需求,并无须把民主福利国家的成就置于危险之中。在这一方面,罗蒂把我们带回到了哈丁在批评辛格时提出的那些问题,也带回到了上一章中提出的那些可持续性问题。

思考题

1.关于全球财富再分配,认为全球资源是有限的且在日益萎缩,这种看法对我们会或者应该会产生什么重要意义?

2.在人性观和正义观之间进行道德区分,这种做法会避免真正公正的世界秩序对富人所蕴含的意义吗?

−结论−

全球分配公平理论把我们控制或调解物品分配的原则置于全球的层面。这些原则提供了一个尺码,借此判断当前的分配情况。同时,这些原则还包含"我们"应该努力的目标。关于全球分配公平的大部分观点都极为抽象,但是这些观点对实践具有具体的意义,因为它们能够识别公平的要求(什么),规定与分配公平有关的不同参与者(何人)的权力和责任,也规定了实现公平的机制类型(如何),但最后一种情况并不太常见。在大部分情况下,理论的规定性含义的背景是全球经济秩序中占据上风的物品分配所特有的程序(市场关系、继承、生产国的国家福利方案)和后果(极端贫困和极端富足、大量不平等)。

但是，从对财产权利安全的最低程度要求，到对某一层次生存权利的要求，再到支撑一系列人类能力的资源的更为雄心勃勃的要求，在这些层面，对公平有**什么**要求，在任何既定时间欠**何人**公平，理论家们对这些问题显然持有不同的观点。对**何人**负有责任来应对全球不公平以及应该**如何**应对，他们也有着不同的看法。承担责任的中介被认为是各种各样的人。罗尔斯和沃尔泽这些理论家强调某些政治社会及其公民照顾自己的责任；辛格等理论家强调某些个人（无论他们来自何方）尽自己本分的责任；努斯鲍姆和伯格赞同联合国和世贸组织这些国际机构以及富国的作用；批评理论家强调正式和非正式国际组织的作用，其中包括像慈善机构这样的国际非政府组织以及个人。产生公平的机制（个人或集体的）有直接馈赠、以经济或政治改革为条件的国际援助、实施全球税收方案、全球市场调节的民主化。在所有这些复杂事务中，理论家在**伦理**和**实践**方面持有不同意见时，有时很难把这些内容理清。因此，在结论部分，有必要提醒一下，在我们的讨论中全球公平**伦理**究竟是个**什么**问题，因为这些讨论也总是关涉到在全球语境内是否应该对**正义**义务和人的义务之间的关联进行划分，还关涉到如果应该进行划分的话，那么在何处进行划分的问题。

我们可以识别出对于全球分配公平讨论以及上一章中探讨的援助伦理非常重要的五个伦理问题。

第一，个人的**伦理**意义问题。这一意义在于何处？对于这一问题，道义论伦理、功利主义伦理和美德伦理给出了不同的回答，这些答案对公平的要求具有不同的含义：它是要获得某些基本人权，还是要把功利最大化，抑或是使人类繁荣呢？不管给出怎样的答案，这些分类（权利、功利性、人类繁荣）究竟意味着什么呢？譬如，伯格在互动主义和基于权利的体制性路径之间进行了区分。尽管沃尔泽和努斯鲍姆都依据美德伦理的某些方面，但取得的却是极为不同的效果。有些答案允许国家正义义务和跨国正义义务之间存在区分，而有些答案则认为应该消除这些区分。有些答案对正义和人性加以明显区分，而有些答案则模糊了二者的界限。

第二，个人的**伦理**意义相对于社会的**伦理**意义这一问题。社会（人民、国家、民族）具有凌驾于其人口所固有的道德价值总和之上的独特的道德地位吗？要是有的话，这一地位是基于契约还是基于文化呢？根据人们对这一问题的回答，譬如是更同情罗尔斯，还是努斯鲍姆，就有可能对政治社会边界内外的人所具有的正义义务持有不同的看法。

第三，是否赞同苏谈到的所谓"过失"论或"非过失"论这一**伦理**问题。在确定履行正义义务的责任归于何处时，苏谈到了这一点。"过失"论认为，参与者之间的关系历史与何人应当为何人担负什么责任在道德上是相关的。这种观点在伯格那儿得到进一步阐述，他认为北部的富人已经并将继续受益于他们与北部的穷人之间的不公平的经济关系，因此富人有义务解决自己引起的问题。相比而言，以后果为主导的论述，譬如在辛格或努斯鲍姆那儿，把责任与解决能力的非正义而非受谴责联系起来。

第四，对全球公平极为重要的东西是否是**程序**或**后果**的**伦理**问题？如果一种局面是通过理由正当原则得到的，那它是否就是公正的？或者说,如果一种局面的目标是"所有人都要求过上丰富的生活",那么这才是公正的？

跟上述四个问题相比,第五个伦理问题或许不太突出,但在某种意义上,这一问题对其他问题都很重要,因为它是由力图在这些问题之间进行判断而引发出来的。这一问题构成了全球正义或发展伦理理论家思想的权威基础。我们如何决定上述哪种观点具有说服力？ 这意味着,在什么程度上每个人都应该信服一种而非另一种伦理立场呢？

–参考书目及深入阅读–

1.贝茨.C.《政治理论与国际关系》,普林斯顿:普林斯顿大学出版社,1999[1979].本书初版于1979年,是详尽阐述全球正义理论的最早著述之一。

2.本哈比.S.《他者的权利》,剑桥:剑桥大学出版社,2004.作者站在受到话语伦理启发的立场, 考察了包括移民问题在内的一系列问题。

3.布罗克.G.和布里格豪斯.H.(编著)《世界主义的政治哲学》,剑桥:剑桥大学出版社,2005.本书收录了契约论伦理、道义论伦理及美德伦理探讨全球分配公平问题的各种路径。

4.坎尼.S.《分配公平》,参见《超越边界的正义:全球政治理论》第四章,牛津:牛津大学出版社,2005:102–147.作者进行了详尽的文献综述,为道义论分配公平路径进行辩护。

5.卡伦斯.J.《外国人与公民:开放国界的案例》,参见《全球正义:开创性论文》,伯格和莫勒恩道夫,2008:211–233.这篇文章最初发表在《政治评论》49(2)(1987):251–273.作者认为,契约论和功利主义的正义理论支持国界的开放。

6.科尔.P.《排斥的哲学:自由主义政治理论和移民》,爱丁堡:爱丁堡大学出版社,2000.作者坚决赞同自由主义政治理论与限制性移民政策之间的不调和性。

7.福斯特.R.《走向跨国正义批评理论》,参见《全球正义》,T.伯格(编著),2001:169-187.作者采取话语伦理观的视角,力图在全球分配公平问题上对国家主义立场与全球主义立场进行调和。

8.贾格尔.A.M.《"拯救灵魂":全球妇女公平与文化间对话》,参见《全球伦理:开创性论文》,T.伯格和K.霍顿(编著),圣保罗:帕拉冈出版社,2008:565-603.这篇文章最初发表在《真正的世界公平》,A.福尔斯达尔和T.伯格(编著)(2005),多德勒支:施普林格出版社,37-63.

9.米勒.D.《民族性的伦理意义》,参见《全球正义:开创性论文》,伯格和和莫勒恩道夫,2008:235-253.这篇文章最初发表在《伦理学》98(4)(1988):647-662.这篇文章阐述的观点证明了思考分配公平的双面路径是有道理的。

10.米勒.D.和哈希米.S.H.《正义的界限:多样化的伦理视角》,普林斯顿:普林斯顿大学出版社,2001.这部论文集非同寻常,极为有趣,考察了关于界限的道德地位的各种不同文化视角,其中包括基督教、儒教、伊斯兰教、犹太教及标准化的国家主义和全球主义观点。

11. 内格尔.T.《全球正义问题》,参见《哲学与公共事务》33(2),2005:113-147.这篇文章为以可实行性为依据把正义限定在国家语境之内的做法进行辩护。

12.努斯鲍姆.M.《为普遍价值观辩护》,参见《妇女与人类发展》第一章,剑桥:剑桥大学出版社,2000:34-110.作者阐明了努斯鲍姆的立场与功利主义伦理、关怀伦理及后现代主义伦理理论的对立

149

之处。

13.努斯鲍姆.M.《超越社会契约:能力与全球正义》,参见《世界主义政治哲学》,G.布罗克和H.布里格豪斯(编著),2005:196-218.这篇文章的论点是,探讨社会正义的能力路径要比功利主义和基于权利的理论路径更为高级。

14.奥肯.S.M.《正义、性别与家庭》,纽约:基础图书出版社,1989.

15.奥肯.S.M.《性别不平等与文化差异》,参见《全球伦理:开创性论文》,伯格和霍顿,2008:233-257.这篇文章最初发表在《政治理论》22(1)(1994):5-24.作者提倡女性主义"正义"观,赞同平等普遍价值观的跨文化相关性。

16.伯格.T.(编著)《全球正义》,牛津:布莱克威尔出版社,2001.本书包含有契约论和道义论对全球分配公平讨论所做的主要论述。

17.伯格.T.《平等主义人民法》,参见《全球正义:开创性论文》,伯格和莫勒恩道夫,2008a:461-493.这篇文章最初发表在《哲学与公共事务》23(3)(1994):195-224.作者对罗尔斯的《万民法》提出批评。

18. 伯格.T.《世界贫困与人权》(第二版),剑桥:政治出版社,2008b. 本书是伯格全球分配公平理论及其对再分配的实践意义这一思想的拓展。

19.伯格.T.《"援助"全球的穷人》,参见《全球伦理:开创性论文》,伯格和霍顿,2008c:531-563.这篇文章最初发表在《援助伦理:道德与遥远的穷人》(2004),D.K.查特吉(编著),剑桥:剑桥大学出版社.作者重申了伯格的观点:应对全球贫困问题,存在着极其消极的责任。

20. 伯格.T. 和霍顿.K.(编著),《全球伦理:开创性论文》(第二卷),圣保罗:帕拉冈出版社,2008.

21.伯格.T.和莫勒恩道夫.D.(编著),《全球正义:开创性论文》(第一卷),圣保罗:帕拉冈出版社,2008.本论文集和上面那卷论文集全面收录了全球伦理领域中富有影响的文章。我在参考这两卷论文集的时候,也把正在讨论文章的最初出版信息包含在内。

22.罗尔斯.J.《正义论》,牛津:牛津大学出版社,1971.本书探讨了国家内部的契约论正义理论。

23.罗尔斯.J.《万民法》,马萨诸塞州剑桥市:哈佛大学出版社,1999.本书探讨了政治社会之间的契约论正义理论。

24.罗滨逊.F.《关怀、性别与全球社会正义:'对伦理全球化的再思考'》,《全球伦理杂志》2(1),2006:5-25.作者把关怀伦理应用到了全球分配公平的问题之中。

25.罗蒂.R.《我们是何人:道德普遍性与经济分类》,参见《全球伦理:开创性论文》,伯格和霍顿,2008:313-323.这篇文章最初发表在《狄奥根尼》44(1996):5-15.在资源的有限性及缺乏政治意愿的基础之上,作者批评了全球分配公平思想。

26.苏.H.《基本权利:温饱、富足及美国外交政策》,普林斯顿:普林斯顿大学出版社,1980.本书是论述基本人权含义的奠基性文本。

27.辛格.P.《一种经济》,参见《一个世界:全球化伦理》(第二版)第三章,纽黑文:耶鲁大学出版社,2004:51-105.这篇文章采取的主要是功利主义全球正义观。

28.沃尔泽.M.《作为马克思主义道德的分配公平》,参见《厚与薄:国内外道德观》第二章,诺特丹:诺特丹大学出版社,1994:21-39.在这篇文章中,沃尔泽把他的语境主义道德思想应用到对分配公平问题的讨论。

29.沃尔泽.M.《成员的分配》,参见《全球正义:开创性论文》,伯格和莫勒恩道夫,2008:145–177.这篇文章最初发表在《界限:民族自治及其限度》,P.G.布朗和H.苏(编著)(1981),托托瓦:罗曼利特尔菲尔德出版集团公司。作者认为,社会应具有控制成为成员身份的权力。

第六章

战争伦理观

-本章导读-

跟国际人道主义和发展援助或全球分配公平伦理相比，长期以来，战争伦理一直是神学、政治和哲学所明确关注的焦点。出于不同的原因，在不同的时代、不同的地方，战争成为许多社会中经常发生的事情。因此，大部分社会都对何为战争以及应该如何交战有着诸多看法。在当今世界，国际战争法声称要涉及全球范围，战争技术也达到了世界范围，战争伦理遂成为全球伦理关注的主要问题之一。本章将要考察当代战争伦理观中发挥作用的伦理视角以及把这些视角应用到最近的国际及全球冲突发展的方式。我们将会看到，对于战争伦理的讨论，将会引发对上面两章中所探讨的发展伦理和全球正义伦理同样极为重要的问题。使用武力解决政治问题，这在伦理上是否允可，则要取决于个人的伦理地位、社会或文化的道德价值，而不取决于个人、道德责任的意义和含义以及后果对程序的伦理相对重要性。对这些问题的不同看法向我们提出了同样的判断问题，因此也提出了道德观的权威依据与伦理观所涉范围的问题。

首先，我们要解开西方"正义战争理论"传统中根深蒂固的那些复杂的伦理视角，这种传统对国际战争法的发展极有影响。当代最著名的战争伦理倡导者是沃尔泽,尽管他依据的是正义战争理论传统,但却从现代伦理视角和现代政治社会观的角度对此进行了重新构建。在第二部分,我们将考察沃尔泽的立场以及对其思想所做的一些批评回应,尤其关注从道义论和女性主义视角出发的那些观点,其中包括反战主义伦理观。冷战结束之后的发展,使得那些对使用不同类型集体政治暴力的伦理讨论再次复兴,其中包括人道主义干预、国际恐怖主义以及所谓的"反恐战争"。在第三部分,我们将考察这些讨论如何依赖不同的道德思考传统及其对集体和个人政治参与者义务的含义。结论部分,我们将思考对战争伦理的讨论如何迈向与援助、发展和分配公平的那些伦理问题。

–正义战争理论–

一旦基督教摈弃了它最初的反战主义,"正义战争理论"就成为源于基督教的许多思考所公认的词语。对早期基督徒而言,新约信仰显然暗示着反对一切使用暴力的行为。因此,后来的基督教思想家希望打破基督教和反战主义之间的关联时,就不得不提供理由根据,"正义战争理论"就是产生于此。随着时间的流逝,发展出了两个方面的独特"正义战争理论"。第一个方面是统治者或人民在开战时可能是正义的情况论(被称为**开战理由正当性**),第二个方面是战争开始之后如何交战的观点(被称为**交战手段正当性**)(克拉克,1988.31–50;埃尔斯泰恩,1991)。我们不可能充分看到基督教早期和当前这两个时期复杂的不同"正义战争"思想。相

154

反,为了了解正义战争的一些观点,我们将考察20世纪晚期关于基督教"正义战争"的一篇总结:《和平的挑战:上帝的应许与我们的回应》(天主教主教国家会议,1983),这是在天主教主教举行的一次会议上形成的思想(1983)。对正义战争理论的重新思考,反映出20世纪期间对战争与安康的体验。主教们尤为关注核战争和核威慑的伦理效用。接下来,我们将考察主教们提出的每种战争伦理思考以及支撑其思考的各种伦理观。

–开战理由正当性–

1.正当理由:"只有面对'真正存在且确定无疑的危险'时,才允许战争的发生。"也就是说,战争的目的是保护无辜的生命,保存必要的条件,使人们体面地生存下去,获得基本的人权。

伦理推论:这种正当理由突出人生和人权的价值,在这方面它具有强大的道义性。它还以"无辜"为参照映射出道义性,这是因为,从道义视角出发,在道德方面讲,在决定对他人的行为时,无辜和有罪之间的区分极为重要。

2. 公共主管当局:"宣布战争的是那些对公共秩序担负责任的人,而非私有组织或个人。"

伦理推论:这一标准最初基于基督教美德伦理。它谴责私有战争,因为后者严重削弱了稳定的政治秩序存在的可能性,这样的秩序是让每个人在社会中得以繁荣所必需的条件。向这一社会发出的挑战削弱了基督教世俗的善的生活,这种生活本质上是为永生做准备的。在现代语境内,公共主管当局相当于国家合法权威或国家间组织(譬如联合国)。依据契约论的观点，最终证明公共主管当局的存在是有道理的,因为它来自国家所代表的人民的意志。

3.比较正义:鉴于每方都有可能拥有一些正义,"冲突的每方都应该认识到'正当理由'的界限以及随之而来的要求使用唯一有限的手段来实施其目标"。

伦理推论:把人性与神性进行比较,这一观点在基督教那儿很有意义。其意义在于,人类具有内在的有限性,人不是上帝,他们可能会做错事情。运用我们上文考察过的伦理视角,道德谦卑的主题在反对理性主义的视角方面,尤其是女性主义伦理和后现代主义伦理那儿最为明显。根据世俗战争伦理观,在更新版的正义战争理论中最有可能看不到的正是这一标准。这种情况在现代正义战争理论中产生的一个后果,就是把**开战**伦理推论与交战伦理推论分离开来。

4. 正确的动机:"只有在上述提出的理由作为正当理由时,才可以合法地进行战争。"

伦理推论:这取决于强烈的道义论观。正如康德所说的"道德"行为,必须在道德基础上去行为。出于错误原因而做正确事情是不道德的。

5.最后的手段:"为了使诉诸战争合情合理,必须用尽所有的和平手段。"

伦理推论:这一原则表明,虽然从伦理上看和平并不总是比战争好,但通常人们还是更为偏爱和平。这一立场最明显地得到后果主义观的支撑,后者认为,总体而言,相对于使用和平机制,使用战争作为手段会对更多人造成更大损失。

在现代语境内,这种后果主义观要求,把后果作为道德判断基础对其进行某种成本与收益分析。这种后果主义思想最为接近功利主义推论。

6.成功的概率:这样做的目的"是在非理性地诉诸武力或无望的抵制明显比例失调或无效时,对二者进行阻止"。

伦理推论:在此,推论把后果而非原则或动机作为伦理正确或错误的参照点,是强烈的后果主义。

7. 比例合度:"战争造成的破坏及产生的损失须与拿起武器战斗所期冀的利益相称。"

伦理推论:后果也是这一原则的参照点。在现代语境内,这种思想通常被视为功利主义立场。区分**开战**比例合度和**交战**比例合度非常重要,前者关系到对战争总体进行成本与收益分析。

-交战手段正当性-

1.比例合度:战争进程中,某些军事行动(特种战、轰炸战等)造成的破坏应该总是跟这些行动的战略目标相称。

2.区别性:"永远不要直接夺走无辜者的生命,无论怎么声称有这样做的目的……对侵略的公正回应必须……针对非公正的侵略者,而不是针对那些卷入一场并非由他们造成的战争之中的那些无辜者。"

伦理推论:显而易见,**交战手段正当性**原则中的第一条原则涉及功利主义思想中典型的成本与收益分析,第二条原则带有强烈的道义性,极大地反映出康德系统阐述的绝对命令,即不应该把人作为实现他人目的的纯粹手段,而是作为

"目的"。这一区别原则回到了中世纪的战争正义讨论,因为实践中总是很难确保"无辜者"(在现代世俗正义战争理论和国际法中,"无辜者"被定义为"非战斗人员"或"百姓")不成为战争目标。这里问题就出现了,从传统上讲,基督教正义战争理论解决这一问题的方式,是把某一进攻的**动机**作为攻击者行为道德性的关键。这种双重效果原则承认,一种道德行为可能会产生本来并没有打算的令人遗憾的后果,但这并不能改变这一行为的道德性(科茨,1997:239–264)。这意味着,攻击一个军事目标时,虽然也杀害了非战斗人员,但如果并没有事先打算杀害这些非战斗人员,那么这一进攻仍旧是正当的交战。显然,采取大量轰炸这样的作战策略,使用核武器或生化武器等造成大量破坏的武器,其目的是毫无区别地进行滥杀,因此无法通过双重效应测试。

在上述相当简短分析的基础之上,我们已经可以看到,置于正义战争理论传统中的原则和标准反映出极为不同的伦理视角,而且这些视角并不是总能相互调和。部分由于这一原因,无论在战前、战中或是战后,都不能把正义战争理论作为直接的清单,以此决定某一战争的合法性。相反,这一理论提供了一套出发点,用以思考战争中固有的伦理窘境。正义战争理论要求道德参与者在没有直接规则或程序的语境下做出判断。在这一方面,整体而言,正义战争理论与美德伦理传统和**实践智慧**的重要性最紧密地联系了起来。

思考题

认真思考上文所开列的**开战**原则和**交战**原则清单。

1.你认为哪些原则最不令人信服？为什么？

2.你如何看待**开战**因素和**交战**因素之间的关系？能够非正义地进行正义战争吗？如果可以的话，这样做会把战争变得非正义吗？

–20世纪的正义战争和非正义战争–

在天主教主教们撰写教牧书信①的同时，伦理和政治理论家正在系统阐述关于战争伦理的非神学思想。跟那些主教一样，这些非神学思想反映了20世纪的战争经历，尤其是跟第二次世界大战、核威慑、越南战争的经历有关联。沃尔泽的《正义和非正义战争》（2006［1977］）一书引发了对战争伦理的世俗讨论，该书依旧是21世纪讨论的重要参照点。跟上一章讨论的有关分配公平原则的著述一样，沃尔泽切入战争伦理的方式也是在语境之内，把他认为现代国际体制中所固有的原则作为出发点。在该书中，沃尔泽利用历史性阐述对这些原则的运行机制进行证明。在此基础上，他阐明了明确区**分开战理由正当性和交战手段正当性**的战争伦理。在沃尔泽看来，战争有可能在一方面是正义的，而在另一方面是非正义的，这与正义战争理论传统构成对照，因为后者认为这两方面必定相互关联。

---

① 教牧书信（Pastoral Letter）是主教或牧师致教区内信徒的书信。——译者注

在**开战理由正当性**方面,沃尔泽顺沿着契约论、自由主义观的思路,认为个人拥有某些内在的权利和自由,因此,在建立国家的社会契约里,个人不能被完全交易。但是,他也沿着自由主义的一条思路,在民族自决(被理解为人民自我管理的权利)和个体权利繁荣之间进行了显著的关联。这意味着,跟传统社会契约理论中的个体权利和国家权利处于张力极为不同,在这里二者相互加强。对沃尔泽而言,战争的根本"正当理由"是保卫国家免遭侵犯。对国家的攻击同时也是对人民自决权利以及个体生存和繁荣的攻击。因此,使用"国内类比"的说法极为合适,这样就把国家自卫与个人保护自己的权利进行了类比(沃尔泽,2006:58-73)。

尽管沃尔泽也认为过分侵犯个人权利可能成为导致战争的正当理由(参见下文对人道主义干预的讨论),但他对**开战理由正当性**的思考总是反映出他的国家自决和个人自决内在地关联在一起的思想。沃尔泽认为,侵犯个人权利的最明显的正当理由,实际上是可以在对个人和社会混合一起的种族灭绝大屠杀里看到,对个人和国家、种族或文化的身份并不加以区分(沃尔泽,2006:251-268)。这种看法源自他的契约论思想和伦理思想美德传统。在这种美德传统里,正如麦金太尔这样的思想家所认为的那样,道德生活是共有社会和文化中固有的东西。对沃尔泽而言,脱离社会语境的个人生活毫无意义。从伦理上讲,国家非常重要,不是因为它保护了个人权利,而是因为它保护了赋予个人生活伦理意义的共同身份。

沃尔泽赞同政治社会的伦理意义,这改变了他的传统正义战争**开战**理论的后果主义因素(成功的概率、比例合度)。对沃尔泽而言,后果并非仅仅是失去的生命或得到拯救的性命的数量。虽然后果关涉到这些方面,但也关涉到政治社会的命运。因此,我们并不是处于直接的功利主义立场,其中(加剧个人功利的)损失和(增强个人功利的)利益关涉到同类相比。较弱的一方在为人民的身份和生存而拼搏的时候,"成功概率"问题在伦理方面并不太重要。这也使得更难对比例合度进行评价,因为政治社会附有一种特殊的价值观(诺曼,1995:149–153)。

谈到交战正义,沃尔泽遵循的是传统正义战争理论、比例合度原则和区别对待以及现代战争法中对它们认可的方式。关于区别对待,沃尔泽的出发点是道义论的非战斗人员神圣不可侵犯。但是,跟传统正义战争理论一样,他允许双重效应论的存在。不过,在沃尔泽看来,这种要求在理论上超出了对战争行为的道德极为关键的动机纯粹性。沃尔泽认为,即便在损失自己的情况下,士兵也须积极地把原本并无打算的非战斗人员的损害最小化。换言之,如果能够限制"间接损害的话"(沃尔泽,2006:152–159),士兵应该总是冒更大的风险。但是,说到这儿,沃尔泽对政治社会的伦理意义的认可,影响了他对社会处于危险情况时的区别对待观。沃尔泽认为,在"最紧急的情况"下,可以把区分这一考虑搁置一边,这使他的思想臭名昭著。这里,沃尔泽所谓的"最紧急情况",指的是政治社会的生存受到直接威胁这类情形(沃尔泽,2006:251–268;2004:33–50)。

许多理论家都不赞同沃尔泽的观点。从伦理理性主义的视角出发,道义批评家一直极为担心他的契约论和语境论似乎允许把个体无限道德价值搁置一边。诺曼对沃尔泽的个体与政治社会之间的类比提出异议,他认为,个体的死亡关系到一个独一无二的存在的完全消失,这一存在的道德重要性是不能跟其他任何人用同一尺度衡量的。这跟政治社会极为不同,对后者而言,只要那个社会的一些成员延续其独特的文化传统,这一社会就不会完全消失,即便其独立的政治存在已经被消除掉。此外,幸存下来的个体可能会保留旧的身份或创建新的身份、创建新的社会,然而社会却无法让死去的个体再复活过来。对诺曼而言,这一点表明,把个体作为手段来实现社会生存的目的,在伦理上就是错误的。这二者在道德天平上是无法等同的东西(诺曼,1995:40–62、132–146)。

坎尼也认为,沃尔泽的战争伦理以牺牲个体利益为代价,过分强调了当代国际体制中国家和主权原则的伦理价值。在他看来,沃尔泽对“国内类比”的依赖,使他不够充分地区别对待好国家与坏国家,因此潜在地证明了不道德政体的合理性,低估了保护个体权利的跨界干预的道德根据。此外,坎尼还指出,沃尔泽认为“最紧急情况”可以证明**交战**不合比例、不加区分的行为合乎道理,这与他本人强调的要尊重非战斗人员不受损害这一道德权重自相矛盾。最后,坎尼认为,沃尔泽的伦理立场在把社会和个体作为关键的伦理参照点之间前后不一致地摇摆。从坎尼的观点看;沃尔泽对国内类比重要性的强调,极大地削弱了其**交战**理论对个体权利的强调(坎尼,2005:192–199)。

坎尼指控沃尔泽的伦理立场前后矛盾，这表明，可以有一种方案替代沃尔泽的观点，即其前提要么是前后一致的集体主义，要么是前后一致的个体主义，这就能保证**开战理由正当性**与**交战手段正当性**之间的内在关联。正如沃尔泽指出的那样，前后一致的集体主义观声称基于社会的道德价值之上，极有可能把正义战争理论降至为仅仅出于**开战**的考虑，因为国家的目的总是比实现目的的手段更为重要。但是，即便如此，在完全是为了保卫某一国家集体利益所进行的战争与为了保留一种现有人民体制或社会的可能性所进行的战争之间，却存在着深刻的差异。对前者而言，只要国家利益得到维护，就不用对战争行为进行限定（这是通常所认为的"政治现实主义"立场，参见沃尔泽，2006：3-20）。但是，对后者而言，将来还需要与当前的敌人共存，这就提供了限制使用武力的充分理由，表明了**交战**的比例合度的做法——如果不是区别对待的做法。但是，大部分构建战争伦理用以取代沃尔泽的战争伦理所做的努力，其基点都建立在前后一致的个体而非集体的前提之上，所顺沿的思路要么是功利主义，要么是道义论。

跟沃尔泽前后不一致的立场相比，在功利主义或道义论基础之上发展出来的战争理论，使得对**开战**观和**交战**观的强调发生了转移。在**开战**这一方面，不可能再在国内类比的基础上运作，因为在国内类比中，政治社会被视为类同于具有基本权利的个体。如今，国家的自我保卫权利要么取决于把聚合的个体实用性最大化，要么取决于尊重个体的道德价值。在这两种情形下，纯粹出于国家身份的缘故而在伦理方面优先考虑国家自己的公民,就不再有任何意义。相反,国家本身的性质成为分析的关键部分。如果一个国家的行为不符合功利主义或道义论的道德原则,那么它的自我保卫是否重要就变得令人起疑,除非不仅其成员的实用性或权利处于危险之中,而且侵犯国成员的实用性或权利也处于危险之中。这可能意味着,在有些情况下,如果国家受到侵犯,其成员(用功利主义或道义论的术语来讲)实际上生活境况变得更好的话,那么国家就没有自卫的权利。在这一方面,跟沃尔泽的观点相比,功利主义和道义论有可能不太容许进行传统的国家间战争,而更为容许进行人道主义干预。

谈到**交战手段**正当性,功利主义和道义论的立场显然会产生极为不同的看法。在他的论述中,沃尔泽努力把伦理视角结合起来,采用了跟传统正义战争理论相类似的方法,但是功利主义和道义论则把利害攸关的东西简单化。对功利主义者而言,重要的是个体功利的最大化。我们前面已经提到,这意味着为了获取更大的利益,可以牺牲少数人的功利,这种做法在道德上是可以接受的。因此,用功利主义的话来说,**交战**区别对待原则通常是有道理的,规则功利主义者通常会这么说。即便如此,也总有可能遇到并非如此的情况。因此,对古典功利主义者而言,最根本的**交战**原则是比例合度原则。比例合度包含功利性原则本身固有的成本—收益计算,确保不同参加者之间的公正。

相比而言,从道义论的视角看,区别对待对于**交战**公正性非常重要。安斯康姆(1981)和内格尔(1972)这些理论家突出尊重"无辜者"或"非战斗人员"权利的伦理重要性,尽管在原则上和实践上都很难在二者之间进行区别对待。从严格的道义论观念出发,故意利用他人纯粹作为实现自己目的的手段,这是绝对不正确的做法。

尽管功利主义和道义论之间存在差异,但在现代福利语境内,二者的**交战**观都有削弱任何战争**开战理由正当性**的危险。在功利主义那儿,造成大量破坏的不合比例的武器火力潜在地削弱了任何现代战争要符合把个体利益最大化标准的能力。诺曼甚至提出,如果认真看待战争的长期后果(包括早期战争在引发后期战争中所发挥的作用)以及交战使用的科技,那么总是存在着反对战争的强烈功利主义现象,即使那些被认为典型的正义战争亦不例外,譬如第二次世界大战中同盟国的战争即属此类战争(诺曼,1995:209-210)。对道义论者而言,现代武器那不加区分的本性潜在地削弱了任何现代战争把人尊为目的的情形(霍姆斯,1989:146-182)。

本章开头提到,正义战争理论的出现是对早期基督教教会反战主义的回应。在20世纪,反战观提供了对宗教和世俗正义战争思想的反照。尤其在核战争威胁以及冷战时期实际的核威慑语境内,发展出来了反对正义战争的道义论观。在这些观点中,最强有力的是那些优先考虑康德原则的观念,即永远不要利用人来实现他人目的的观点。如果区别对待原则在战争中必然会受到侵犯,无论用**开战**的话语来讲是多么正当的战争,战争中有些人必将成为实现他人目的的纯粹工具,这表明**交战手段正当性**是不可能得以实现的(诺曼,1988)。一种更为古老的道义观并非在强调使用暴力这类东西的错误,而是在强调从道德上讲遭受伤害要比实施伤害更好一些。这种观念根植于早期基督教的反战主义思想,后来通过一些现代反战主义思想家而得以复兴。在这种情形下,就削弱了**开战**正当理由的基础。后面这种观点先后受到同样为道义论的观点的攻击,譬如安斯康姆就对此进行了攻击(1981)。正义论者认为,宣布这样的战争不合法,犯了跟功利主义者同样的不加区别对待的罪行,后者允许折磨无辜的少数人,从而使许多人的功利性得以最大化。对安斯康姆而言,战争是惩罚罪行、保护无辜的必要手段;拒绝战争是与侵略国勾结在一起共同侵犯受害国。

除了道义论外,把反战主义作为一种伦理立场的另一主要灵感来自女性主义。20世纪80年代,在天主教主教们重新审视传统正义战争观以及沃尔泽等人提供正义战争思想的世俗基础的同时,女性主义哲学家也在发展战争伦理的其他视角。作为一种社会体制,战争与性别观深刻地关联在一起。在西方伦理和政治思想传统中,一般来说,妇女的特征是比男人更为"反战",更加弱小,更需要保护。妇女不积极参与武装冲突,这在历史上被认为是剥夺了妇女的一部分公民权。由于这一原因,在有些语境内,作为一种政治、意识形态立场,女性主义和反战主义就关联在一起了。然而,从原则上讲,女性主义和反战主义之间本身并无关联,只是在某些女性主义思想中,才有反战观的存在。从关怀伦理的视角来看,正义战争理论——尤其是其世俗形式——形成了两种问题,一是因为它对道德判断的要求,二是战争暴力直接与视关怀为伦理出发点的固有价值观和做法产生矛盾。

女性主义哲学家——比如鲁迪克(1990)——认为,正义战争理论的问题是,它要求某些人应该可以被定义为"可杀的"。这反过来又取决于识别"可杀的"人的标准。在鲁迪克看来,这要依据理性主义道德理论传统中固有的"道德真理",而这一真理实际上是不可企及的。此外,不管战争的目的是多么正义,也不管其手段是如何加以区别对待,战争这一做法在于反复灌输与关怀伦理辩证对立的那些特点和做法。杀戮和伤害侵害了身体,而非滋养了身体,还要求杀人者和伤人者完全否认其侵害者的人性及易受攻击性(鲁迪克,1990:198-205)。由于这些原因,虽然鲁迪克没有表现出完全的反战姿态,但他赞同政治非暴力伦理,谴责大部分功利主义、道义论和契约论的正义战争观,认为它们根本不足以为信(鲁迪克,1990:160-184)。

思考题

1.在沃尔泽看来,政治社会本身的生存处于危险时,允许使用任何手段为之战斗。你赞同这一观点吗?

2.道义论和女性主义的反战论有着怎样的说服力?

-21世纪的正义战争与非正义战争-

以上探讨的观点显然与20世纪后十年之前的战争经历有关。天主教主教们尤为关注核战争的正义和非正义,沃尔泽这样的世俗理论家关注的是越南战争。但所有的人都关注**交战手段正当性**问题,正是大规模杀伤武器的发展以及所有人都卷入到战争之中的大规模征兵和大众易受攻击性触发了这些问题。虽然注意到了恐怖主义、革命或游击冲突所引发的伦理问题,但关注的焦点还是集中在国家间的战争方面(沃尔泽,2006:176-206)。冷战结束后,不同类型的集体政治暴力体验成为那些对战争伦理感兴趣者更为关注的问题。这些方面引发了对**开战**原则和**交战**原则的再思考。在接下来的篇幅里,我们将对这些问题及对这些问题的相关阐述进行简要探讨。

–开战原则–

冷战之后的事件激起了对两个传统**开战**原则（正当理由和公共主管当局）的重新讨论。关于"正当理由",在20世纪90年代,没有对卢旺达进行军事干预来阻止其种族大屠杀,但却对科索沃进行了军事干预来阻止其种族大清洗。这样的事件激起了对人道主义军事干预伦理的重要讨论。上文已经谈到,传统正义战争理论和现代道义论及功利主义观都为反抗侵犯自己人民政权的那些侵略行为提供了道德依据,前者强调保护无辜者的正当理由,后两者强调个体是关键的伦理参照点。这跟沃尔泽把契约论和美德观结合起来的政治社会伦理意义构成对照,后者只是在最紧急情况下才同意进行人道主义干预,视国家"自卫"为典型的正当理由。也许,最明显地从早期正当理由观转移开来,是因为对人道主义问题采取的更为个体化的立场越发深得人心。对于人道主义军事干预,惠勒等理论家采纳了传统正义战争理论标准,相比传统正义理论而言,这就更为强调正当理由（严重侵犯人权）及成功概率,而较少强调正义动机和比较**开战理由正当性**(惠勒,2000)。

关于人道主义**开战理由正当性**的讨论,后现代伦理视角也参与其中,譬如戴维·坎贝尔在其著述中就有所涉及(坎贝尔,2001a,2001b)。对坎贝尔而言,集体和个人战争伦理立场的那些约定俗成的伦理观大有问题,原因在于这些观点暗含着伦理问题在某种程度上都可以得到解决,而"无余项"。坎贝尔的伦理立场源自列维纳斯和德里达,在这两人看来,伦理受到对他人绝对责任的主导,而这种责任一定总是不可能得以履行。对坎贝尔而言,这种激进的伦理责任要求一种伦理思想模式,这种模式不是把关于世界秩序(譬如主权国家)基础的那些约定俗成的伦理观视为理所当然,但同时也认识到,无论做出怎样的伦理选择,都会遇到麻烦和困境。关于科索沃事件,坎贝尔认为,不采取军事干预行动,就相当于否认国际社会对他人所担负的伦理责任,而认可使得早期事件——譬如1995年波斯尼亚的斯雷布雷尼察大屠杀①——成为可能的国家权力伦理的现有状况。因此,在这样的情况下,后结构主义伦理成为许多理性主义道德视角结论的同盟者(坎贝尔,2001b)。

除了人道主义干预之外,在21世纪,也激发了关于正当理由的讨论,这是对"9·11"事件所做的"反恐战争"回应。在这样的语境下,针对阿富汗发动的战争以及在世界许多不同

---

① 斯雷布雷尼察大屠杀(the massacreat Srebrenica)是于1995年7月发生在波斯尼亚和黑塞哥维那的斯雷布雷尼察的一场大屠杀,造成大约8000名当地男子死亡。屠杀由拉特科·姆拉迪奇带领下的塞族共和国军队在波斯尼亚战争期间执行。斯雷布雷尼察大屠杀是第二次世界大战之后发生在欧洲的最严重的一次屠杀行为。海牙的前南斯拉夫国际刑事法庭将此次屠杀定性为种族灭绝,其后国际法庭也确认为种族灭绝。——译者注

地区进行的反恐军事行动及治安行动,对什么是侵略(非正义)和自卫(正义)的问题进行了重新思考。在关于"先发制人式"和"预防性"战争进行的讨论中,这一点最为清晰。在哪个阶段国家可以获得采取军事行动进行自卫的权利呢?传统上讲,人们认为,自卫的正当理由要么适用于遭受攻击之后,要么适用于有充分理由说明进攻就在迫在眉睫的语境下,譬如军队聚集在边界等。但是,人们相信,国际恐怖主义威胁的实质是,不可能等到进攻迫在眉睫或是已经发动进攻再采取行动,因为到了这个时候,再采取什么措施都已为时过晚。在这样的语境下,贝拉米提出重新界定"迫在眉睫"这一概念,"这里详尽阐述的先发制人概念,要求对迫在眉睫进行重新诠释。我认为,在一个群体明确表达了采取恐怖的动机且开始获取这样做的手段时,恐怖威胁就迫在眉睫了,这不是暂时性的迫在眉睫"(贝拉米,2006:179)。

入侵阿富汗(2001)和伊拉克(2003)引发的预防性战争问题,也促使女性主义战争伦理新著述的诞生。造成这种情况的原因在于,在阿富汗的塔利班统治下对妇女的压迫被引用为"9·11"之后"正当理由"的一个方面。在《性别、正义和伊拉克战争》一书里,肖伯格对传统正义战争理论提出批评,并提出一种女性主义视角,她称之为"移情合作"①的女性主义

① 移情合作(empathetic cooperation)是后现代女性主义提出的介入国际关系理论的重要前提,所谓移情合作,即各个主体共同参与知识与意义建构的过程,通过批判与重构,使主体的性别身份得以彰显。主张参与到他人的思想和情感中,倾听并尊重国际政治领域中的不同声音,并对其他理论予以理解和尊重,通过与传统国际关系理论进行平等、建设性的对话和协商,表达自我的声音,从而构建一种能够容忍差异的包容性理论。——译者注

安全伦理(肖伯格,2006)。这种女性主义方式依据关怀伦理的一些方面,但跟鲁迪克相比,这样做是为了构建一种正义战争理论,而非论证非暴力伦理本身。肖伯格把"人类安全"这一思想融入到她的理论之中,这一词语的意思是把我们对战争以及战争行为的理解进行拓展(肖伯格,2006:51)。宗教和世俗的传统正义战争理论认为,战争具有明确的界定,有着可识别的开始和结束,也有可识别的一套(暴力)手段。人类安全的观念是从上面几章中讨论的人类能力文献中发展出来的,它把个体的威胁和伤害体验作为战争意义的核心。这就把注意力吸引到冲突爆发之际和结束之时人们对战争的体验方式方面(譬如在敌对双方正式停战很久以后,实施制裁的体验、地雷轰炸受到的伤害),也把注意力吸引到可能并不是暴力行为直接结果所造成的伤害和破坏方面。关于伊拉克战争,肖伯格认为,这场战争实际上开始于1991年的海湾战争以及接下来的制裁政体,这些事件早在2003年入侵之前的很长时间就已发生。关于正当理由,肖伯格坚持认为,正当理由需要与那些将会受到战争影响的人关联起来,而不仅仅只是与抽象的"国家"或"政体"关联起来。换言之,战争的正当理由意味着,你对战争要伤害的人有真正的伤害。认为保护妇女权利构成了2001年入侵阿富汗的部分"正当理由",只有在包括妇女在内的(这场战争即将影响到的)阿富汗全体国人本身为这些权利侵犯担负责任的情况下,这种看法方为可信(肖伯格,2006:77—79)。

人道主义干预和反恐战争的实例也提出了公共主管当局正义战争原则的伦理价值问题。上文已经提到,传统正义战争理论认为,由于公共主管当局在美德政治社会观方面的基础,因此它在伦理方面极为重要。限制主权国家使用暴力的权利来自更深刻的伦理根基,而不仅仅来自主权国家的合法地位。但是,在契约论对主权部门的论述中,强调点转移到国家主权作为开战权利的**独特**理由。由此,主权国家拥有创建国际法和体制(比如联合国)的权利,它们开战的主权权利在其中得以聚合。在对科索沃进行干预时,国际法和体制制定了一套战时**合法**权威的法则,而不是那些自卫法则。这种权威寓居的唯一国际体制是联合国安理会。北大西洋公约组织国家决定干预科索沃,而没有得到联合国的明确批准,这引发了一场对合法权威及其伦理根基的新讨论。

从北大西洋公约组织的视角看,合法性与更深刻的伦理根基关联在一起,被认为是称职(恢复国家内部秩序的能力)加上正当理由(目标国家秩序的缺失以及对其成员构成的相应威胁)的问题,而非合法权利的问题。因此,人们认为,即便干预科索沃的行动**不合法**,但却被合法化了,因为这一行动基于构成国际法基础的伦理原则,即使这些原则并不总是在国际法中得到完全反映。相反,还有人认为,这一行动削弱了对国家主权权力的尊重,过于宽容强势国家依据自己的能力来确定正当理由,从而对弱小国家采取行动。这里,我们看到,合法权威观就成为国际主权应该受到尊重的伦理基础观。在传统正义战争理论中,受到尊重的主权国家的权利总是有条件的。如果统治者迫害无辜,那么这就提供了伦理依据,据此,可以允许入侵,以此保护无辜,惩戒有罪的迫害者。关于科索沃的合法权威的讨论使这一观点得以复兴,形成了一条新的学说——"保护的责任"，这确立了国际社会的责任，保护人们在某些情况下免遭自己所处政体的迫害（贝拉米，2008）。

"9·11"事件及"反恐战争"以不同的方式提出了合法权威的问题，但二者带有类似的意义。对国际恐怖主义的关注，又把注意力带回到了非国家参与者是否有权利使用暴力实现政治目的这一问题。这并非是一个新问题。最近两百年来，各种各样的暴力运动，无论是为了民族自由还是出于意识形态的革命目的，都以其所代表的人民或人类这样的名义向合法权威提出权利要求。根据一种思路，永远不能把非国家参与者视为具有使用暴力的权利。这种观点又回到了传统正义战争关于开战公共主管当局的根据那儿。使用暴力的非国家参与者破坏了政治社会秩序，从而破坏了人类借此繁荣的生活方式。赋予这些参与者合法性，就威胁到人类美德的基础。也可以依据契约论的观念为这种观点进行辩护，因为国家成员关系被视为蕴含有对个体在自然状态中使用暴力这种权利的交换，人们为了获取主权权力的保护而放弃了这一权利。但是，这两种观点都意味着，国家对使用暴力的垄断这种合法权威是有条件的，并非绝对的。换言之，如果国家不维持秩序，不代表或保护它们的人民，那么国家就丧失了其存在的合法性。肖伯格把女性主义的同意原则作为合法性基础，就合法权威问题提出了一个不同的条件观。她认为，合法权威不应该等同于"权威性中介的政治地位"，而应该等同于决定交战的过程。这暗含着国家的参战决策中需要某种民主性投入（肖伯格，2006：70–72）。

然而,如果认为在国家的政治组织模式或政治参与的参战实际决策方面,国家的合法权威是有条件的,那么就可以说,非国家组织的合法性或非法性也不能在绝对意义上得以确立。换言之,非国家参与者能够以国家参与者类似的方式,要求权威的伦理基础。出于政治目的而涉入到暴力斗争中的非国家团体极易表明的正是这种观点。但是,如果这些非国家团体这样做,那就意味着,跟国家一样,这些团体的行为要是违背了自己号称所要依据的伦理基础,那么它们作为政治参与者的权威合法性就一定会受到削弱。譬如,贝拉米认为,在一些方面,使用恐怖策略必定会对负责组织的合法性产生影响。他沿着科迪的思路,把恐怖策略定义为"出于政治目的而故意把非战斗人员作为攻击的目标"(贝拉米,2006:139)。

思考题

思考下面贝拉米提出的先发制人式军事行动实例(2006:158-179):

2001年,美国和北大西洋公约组织入侵阿富汗;2002年,美国导弹攻击也门的恐怖主义目标;2003年, 美国及其盟国入侵伊拉克。

1.你认为上述哪次攻击是有道理的? 依据为何?

2.如果像肖伯格一样,你也把2003年入侵伊拉克视为正在进行中的战争的一部分,而不是一场新战争的开始,那么这种看法会怎样影响你对这次入侵的伦理评判?

–关于交战–

探讨冷战之后**开战理由正当性**的一个通常趋向是强调**开战**和**交战**之间的内在关联。我们可以用上文谈到的1999年对科索沃的干预以及"反恐战争"这些实例,对这一点进行考察。从一般的人道主义观来看,如果正当理由是要阻止对人权的滥用,那么在干预过程中却出现大量侵犯人权的现象,这看起来要么相互矛盾,要么虚假伪善。由于这一原因,在科索沃行动中,高空轰炸战略遭受到很多批评。这一策略本身防止了北大西洋公约组织的人员伤亡,但跟低空飞行或使用地面部队相比,这种做法是一种本质上更为不加区别对待的方法。在这一方面,它削减了沃尔泽的双重效果立场。沃尔泽认为,为了使非战斗人员伤亡最小化,军人有义务面对更多的危险(沃尔泽,2006:152-159)。

有点儿自相矛盾的是,在科索沃事件中,人道主义动机被视为用以限制可以接受的**交战**行为;与此同时,在"反恐战争"事件中,某些价值观或生活方式的存活却被视为允许对这一范围进行拓展。"9·11"事件之后,人们认为,对某些国家或生活方式的威胁发展到了如此极端的程度,不仅证明了入侵阿富汗和伊拉克是合理的,而且还证明了违反对待战犯的各种国际惯例也是合理的,其中包括把折磨作为审讯的手段。这反过来引发了从功利主义到后现代主义伦理视角的一系列回应,认为这些策略应该受到谴责。科索沃事件和"反恐战争"事件提出的**开战—交战**问题,使得大部分道德理论家对战争伦理展开批评,以此阐明**交战**区别对待标准作为对某种暴力行为总体伦理评判的检验标准具有极大的重要性，（伯克,2005;巴特勒,2004,2009;埃尔斯泰恩,2004,2005;福尔克,2003;杰布里,2007）。

传统上讲,**交战**区别对待原则的一个关键点是,禁止故意把平民作为攻击目标。关于这一原则,贝拉米考察了2001年在阿富汗**持久自由军事行动**中使用空投轰炸及此后出现的连续后果。他承认,由于战争是在地面进行的,在区分士兵和非战斗人员方面存在难度,这一冲突的本质把区别对待的伦理要求复杂化了。在这场战争中,"敌人"并非身着军装或在战场上出现,而通常是故意出现在平民区的战斗人员。在这些情况下,非战斗人员死亡的责任在于"敌人"("恐怖分子"、"造反者"),而非入侵的军队。但贝拉米并不赞同这一观点。

"必须在严格遵守规则与进行成功战争的工具性要求之间进行平衡。然而,对正义战争传统来说,有些道德绝对条件极为关键,因此永远不能违反这些条件。其中最为关键的是,不能故意杀人、残害或伤害非战斗人员,并要采取积极措施把对这些人的潜在伤害降低到最低限度。"(贝拉米,2006:181)

上述立场是依据沃尔泽对双重效果原则进行的调整。在这一立场的基础之上,贝拉米认为,我们可以对**交战**非正义地和正义地使用暴力加以区分。

跟贝拉米相比,肖伯格在她女性主义正义战争伦理基础之上,提出对**交战**区别对待原则的传统理解在道德上是不充分的(肖伯格,2006:89-102)。首先,肖伯格认为,一般而言,在士兵和非战斗人员之间所做的划分方式没有伦理根据,只是假定存在一种确定性程度用以区分这两类人,而实际上这种确定性根本就不存在。在她看来,这种区分的强有力的道德依据是,"士兵"既要参与到这场战争之中,还要真正同意参加。尽管这样的要求确实回溯到了最初基督教教徒把"无辜"强调为战争中不受影响的关键标准那儿,但它显然要比正义战争理论中常见的那种划分更为苛求。但是,即便我们采取一种不太苛求的观点,在肖伯格看来,假定存在的确定性也产生了宽容效果,把战争总是给非战斗人员带来的伤害藏匿起来。肖伯格对非战斗人员不受影响原则的第二个批评就是出于此点,她认为,在战争的情况下,"不受影响"这一概念是暗中为害的抽象概念。实际情况是,不仅仅战争中"非战斗人员"经常遭到杀害和伤害(依据双重效果原则,这种情况得以谅解),而且处于战区的人没有谁会受不到战争有害结果的影响,即便他们并不是直接地被杀或受伤,"战争的人道主义影响如此深远, 不可能**不受其影响**"(肖伯格,2006:101)。肖伯格反对传统上对**交战**区别对待意义所做诠释的第三个观点,是这一原则如何忽略了战争带来的性别伤害,包括性暴力和经济伤害,从而加剧了性别从属地位。在双重效果观那儿,这些伤害甚至都没有被纳含其中,因为它们并没有表现为随战争行为而来的伤害。"移情合作远离冲动性战斗,关注的是人与人之间的主体间联系。移情合作作为女性主义重新形成目标性伦理的激励性道德,它关注的是人们真正的**身体和社交**、**情感生活**。"(肖伯格,2006:102)

思考题

1.你认为是否存在像阿富汗战争(2001)和伊拉克战争

（2003）中出现的那种情形，在战争中可以允许违反交战区别对待原则？

　　2.当前所理解的这种不影响非战斗人员原则有益处吗？是否应该根据肖伯格提出的思路对这一原则进行重写？

-结论-

　　虽然从时间维度方面看，对战争伦理的系统思考要比对国际发展援助或全球分配公平的思考都要长久得多，然而正义战争讨论中利害攸关的**伦理**问题，却让人联想起了前面几章的讨论。这里，我们再次看到对个体伦理价值的基础以及个体与社会伦理价值问题的不同观点。我们还看到了对罪行（责任）和无辜、程序和后果所做的区分。个体具有独一无二的道德价值吗？要是有的话，为什么会有这样的价值？对这些问题的回答影响到对下面问题的看法：伦理上讲，是否能够接受个体死亡可以相互交换？如果接受的话，目的为何？如果个体确实具有独一无二的道德价值，那么这是赞同反战主义和**交战区别对待**的基础吗？政治社会的生存为进行个体大屠杀和伤害提供了伦理依据吗？对这些问题的回答又影响到对下面问题的看法：在"紧急情况伦理"世界里，如果一个人生存的必要性超越许多个体的生存，那么，在"最紧急"情况下，我们能否进入这一世界？积极卷入战争会怎样改变一个人的道德身份和权利？对这些问题的回答还影响到对下面问题的看法：允许何人在战争中杀人和伤害？即使行为产生了并非蓄意而为的后果违背了这些原则,从伦理上讲,**动机**是有原则的这一点很重要吗?对这些问题的回答能够决定不是故意把平民作为攻击(即便平民因此死亡)的目标在伦理上具有多大的重要性?在上述这些情形中,我们陷入了困境:个体权利是否是全球分配公平的根据?我们对同胞的伦理义务是否跟对陌生人的不一样? 造成污染者是否应该为此埋单?我们在力图解答这些问题时,也陷入了同样的困境。

正如全球经济正义理论一样,不同的正义战争理论意味着对战争伦理中的**何人**和**如何**问题所做的不同回应。在战后冷战语境下,道义论、功利主义和女性主义理论都对国家与合法权威之间的必然关系提出了质疑。在一些情况下,这意味着相应提高了国际法和国际机构(譬如联合国)的合法性。(相对于战争为何及何人开战,)在战争有可能被**如何**利用方面,功利主义者相对于道义论者,女性主义者相对于契约论者,对传统**交战**原则的含义及意义都有着极为不同的理解。

在本章开头部分,我提出,传统正义战争理论是一个不同伦理推理类型的复杂混合体,不能作为决定战争正义的规则系统。相反,这一理论为实施**实践智慧**(即道德判断)提供了一系列的出发点。在当代有关正义战争的讨论中,存在着一种趋向,期冀把正义战争理论转化为某种规则系统。关于人道主义干预的正义性以及最近对阿富汗战争和伊拉克战争展开的主导讨论,要求对正义战争理论进行界定并应用之,从而能够断定具体事件的是非对错。这些讨论一直深深地纠结于国际法的伦理根据问题以及对创建适宜当代战争法的期冀。这反映出理性主义道德的主导地位,尤其是道义论和契约论,二者都假定正义问题存在着一个**正确**答案的可能性。在最近的讨论中,道德真理假定的最为重要的倡导者是女性主义和后现代主义。坎贝尔和肖伯格两人的观点向一系列思考战争伦理时如何确定道德的方式提出质疑,这些方式从个体或社会的道德优先性的前提到士兵与非战斗人员的区分,到战争与非战争之间的界限,一直到我们知道将会出现的错误的伦理意义。这种做法把我们带回到了比较正义的古老**开战**原则,即在我们自身存在局限的情形下对道德谦卑的需求。这种做法也在提醒我们,发展伦理和全球分配公平讨论中的第五条伦理,即伦理观权威依据的问题,对从伦理上证明使用武力作为解决政治冲突的手段合乎道理,也是极为关键的。

–参考书目及深入阅读–

1.安斯康姆.G.E.M.《战争与谋杀》,参见《G.E.M.安斯康姆哲学论文集》,第三卷,牛津:布莱克威尔出版社,1981.作者从道义的、基督教的视角对不加区别对待的战争及反战主义进行了批评。

2.艾塔克.I.《和平与战争伦理》,爱丁堡:爱丁堡大学出版社,2005.本书对战争伦理进行了概览。

3.贝拉米.A.《正义战争:从西塞罗到伊拉克》,剑桥:政治出版社,2006.本书论述了正义战争思想史以及21世纪正义战争理论发展。

4.贝拉米.A.《保护的责任与军事干预的问题》,参见《国际事务》84(4),2008:615–639.这篇文章主要是对依照联合国"保护的责任"原则所面对的困难所做的经验主义论述。

5.伯克.A.《反对新国际主义》,参见《伦理与国际事务》19(2),2005:73–89.作者对使用战争的手段实现人道主义及政权变更目的进行了批评。

6.巴特勒.J.《暴力、哀痛与政治》,参见《朝不保夕的生活:哀痛与暴力的力量》,伦敦:弗索出版社,2004.对认为某些人的生命值得哀痛而有些人却不值得这种方式的伦理意义,作者进行了后结构主义反思。

7.巴特勒.J.《战争的架构:生命何时得以哀痛》,伦敦:弗索出版社,2009.本书是对巴特勒(2004)所阐述思想的拓展。最后一章汲取了列维纳斯的伦理思想,从跟鲁迪克和诺曼极为不同的角度考察了非暴力理想。

8.坎贝尔.D.《为何打仗:人道主义、原则与后结构主义》,参见《伦理与国际关系》,H.塞金吉和H.欣讷达(编著),贝辛斯托克:帕尔格雷夫出版社,2001a:132—160.作者提出,后结构主义伦理并不排除在人道主义根据之上进行强制性干预。

9.坎贝尔.D.《正义与国际秩序:波斯尼亚和科索沃的案例》,参见《伦理与国际事务:程度与限制》,J.-M.克考德和D.沃纳(编著),东京:联合国大学出版社,2001b:103—127.作者把后结构主义伦理思想应用于对波斯尼亚和科索沃的案例分析。

10.坎尼.S.《正义战争》和《人道主义干预》,参见《超越边界的正义:全球政治理论》第六、七章,牛津:牛津大学出版社,2005:189–262.这两篇文章对伦理立场的范围进行了极为出色的概览,为本质上的道义立场进行辩护。

11.克拉克.I.《正义战争原理》,参见《发动战争:哲学简介》第二章,牛津:克拉伦登出版社,1988:31–50.这篇文章对正义战争传统追根溯源,是一篇极有价值的介绍性材料。

12. 科茨.A.J.《战争伦理》,曼彻斯特:曼彻斯特大学出版社,1997.本书全面阐述了正义战争理论的传统问题,通俗易懂。

13.道尔.N.《和平与战争》,参见《世界伦理:新的日程安排》(第二版),爱丁堡:爱丁堡大学出版社,2007:123-147.这篇文章对战争伦理进行了概述。

14.埃尔斯泰恩.J.B.(编著)《正义战争理论》,牛津:布莱克威尔出版社,1991.本书收录了正义战争理论家的文章,是一部极有价值的论著,反映了20世纪80年代冷战后期所关注的问题。

15.埃尔斯泰恩.J.B.《反恐正义战争:美国权力在暴力世界的沉重责任》(第二版),纽约:基础图书出版社,2004.本书的主要观点是,支持美国对阿富汗和伊拉克实施干预行动。

16.埃尔斯泰恩.J.B.《反对新乌托邦主义》,参见《伦理与国际事务》2(19),2005:91-95.作者对伯克的"新国际主义"观提出批评,参见上文。

17.福尔克.R.《伟大的恐怖战争》,纽约:橄榄枝出版社,2003.本书对美国的"反恐战争"提出批评。

18.霍姆斯.R.《论战争与道德》,普林斯顿:普林斯顿大学出版社,1989.本书对20世纪80年代的正义战争理论进行了有益的探讨,认为现代战争必定是非正义的。作者利用功利主义和道义论的思想,认为应该在非暴力抵制模式方面花大力气。

19.杰布里.V.《战争与全球政治变革》,贝辛斯托克:帕尔格雷夫-麦克米伦出版社,2007.本书受到后结构主义伦理视角的启发,对"反恐战争"进行了批评。

20.内格尔.T.《战争与大屠杀》,参见《哲学与公共事务》1(2),1972:123-144,也在《道德问题》上再版,内格尔(1979),剑桥:剑桥大学出版社,53-74;《国际伦理》(1985),C.贝茨等(编著),普林斯顿:普林斯顿大学出版社,53-74。作者对区分作战人员与非作战人员进行了批评。

21.天主教主教全国会议(1983),《和平的挑战:上帝的应许与我们的回应》,请登录www.usccb.org/sdwp/international/TheChallenge-ofPeace.pdf,2009年12月上网材料。该文对现代基督教正义战争理论进行了详尽论述,反思了20世纪80年代的主要关注。

22.诺曼.R.《反战主义案例》,参见《应用哲学杂志》5(2),1988:166–179.这篇文章是较为慎重的哲学论述,为反战主义提供了一个案例,但观点有所保留。

23.诺曼.R.《伦理、杀害与战争》,剑桥:剑桥大学出版社,1995.作者认为,证明战争是有道理的大部分伦理观点都不充分;本书为反战主义提供一个案例,但认为这极其有限,因为缺乏抵制侵略的非暴力手段。

24.奥伦德.B.《迈克尔·沃尔泽论战争与正义》,加地夫:威尔士大学出版社,2000.本书对沃尔泽的著述进行了详尽论述,因而极有价值。

25.鲁迪克.S.《母性思维:走向和平政治》,伦敦:妇女出版社,1990.本书采取女性主义观,反对正义战争思想,赞成以非暴力方式来解决冲突。

26.肖伯格.L.《性别、正义与伊拉克战争:女性主义正义战争理论革新》,马里兰州兰纳姆:列克星敦丛书出版社,2006.本书以伊拉克战争为例,提出女性主义正义战争理论。

27.斯坦霍夫.U.《论战争伦理与恐怖主义》,牛津:牛津大学出版社,2007.作者认为,在战争伦理及恐怖主义伦理的立场方面,需要始终如一。

28.沃尔泽.M.《关于战争的辩论》,耶鲁:耶鲁大学出版社,2004.本书收录了有关战争伦理的各种各样文章,其中包括讨论科索沃、以色列/巴基斯坦、"9·11"事件以及2003年入侵伊拉克的文章。

29.沃尔泽.M.《正义战争与非正义战争》(第四版),纽约:基础图书出版社,2006[1977].本书对现代世俗正义战争理论的论述极为出色。

30.惠勒.N.《拯救陌生人:国际社会中的人道主义干预》,牛津:牛津大学出版社,2000.本书不但极为全面地阐述了人道主义干预的正义战争理论,而且还论述了干预的国际方式在20世纪90年代发生了变化。

第七章

缔造和平与维护和平伦理观

-本章导读-

根据传统正义战争理论,为了使战争成为正义的战争,就必须把正义的和平作为其目标。但是,正如上一章探讨的那样,对"正义和平"的含义或者解决国家内部或国家之间武力冲突的后果中所固有的伦理问题,战争伦理观并不一定能给出明确的答案,从而实现正义和平。但是,在当今这样的世界里,不断发生的国内冲突及各种剧烈政体过渡产生了全球性后果,日益明确地要求缔造国际和平与维护国际和平行动的承诺。在这样的语境下,上述问题对全球伦理已经极为关键。本章的目的是要勾勒出缔造和平与维护和平伦理的讨论范围。在一些理论家看来,这一伦理构成了正义战争理论的第三个方面,即**战后正义**。本章共分三个部分。第一部分考察缔造和平伦理,这里的缔造和平被理解为结束冲突的过程及条件。第二部分考察过渡正义伦理和对待冲突受害者及解决**开战**和**交战**犯罪行为的个体和集体责任的适当伦理方式问题。第三部分考察建立和平与维护和平的长期过程伦理,还关注这如何把我们带回到发展问题和分配公平问题观那儿。结论部分探讨和平伦理,讨论如何指向前面几章所探讨的同样问题。本章指出,关于正义和平意义的道德讨论,使得**伦理**观的权威问

185

题是全球伦理核心的伦理问题这一观念更为明晰。

–正义地缔造和平–

如果认为传统正义战争理论对于正义地缔造和平没有任何指导性的话,那就会产生误导,因为**开战**和**交战**原则都对战争的后果产生影响。正当理由和正当动机意味着,战争所期待实现的"正义和平"一定会应对已犯的罪行。但是,这也意味着,在很大程度上要取决于正当理由和正当动机是什么。譬如,在沃尔泽看来,战争最显而易见的正当理由是应对侵略而进行的自卫。这里的含义是,正义和平使**现状**得以恢复,并采取措施阻止潜在的未来侵略,譬如侵略国家的裁军(恢复加权①)。1991年的海湾战争就是这一方面正义和平的极佳例证,因为缔造和平是为了恢复战前的国界,破坏未来侵略的能力。没有采取进一步措施对伊拉克进行政权变动,因此对战败国而言,这显然仍然尊重了非干预和自决的原则(杰克逊,1992)。

但是,如果采取比沃尔泽更为道义的立场,把正当理由和正当动机等同于保护无辜者,惩戒罪人,那么公正地缔造和平似乎关涉到的不仅仅是"恢复加权",至少要求把罪人从权力宝座上拉下来,确保无辜者得到保护,免遭伤害。这可能涉及战后重塑非正义国家过程中进行的诸多干预。**开战**和**交**

---

① 恢复加权(restorationplus),战后正义的根本目的是恢复战争以前的状态,但由于完全恢复并不现实,且战前状态可能本身并不稳定,因此战后目标就变成了创造一个更加安全、稳定和正义的局面,此即所谓"恢复加权",其主要措施包括赔偿、修正和审判。——译者注

战的区别对待原则和比例合度原则也对正义和平所能关涉的东西具有意义，因为它们都表明为了将来能在交战各方维护和平关系而限制公正暴力的重要性。如果严格地讲，无条件投降就不能被视为正义地缔造的和平，1945年同盟国对轴心国的投降要求就是此类例子（巴斯，2004；奥伦德，2002）。

奥伦德力图在沃尔泽论述的基础之上建立起来管理**战后正义**的一套系统化原则，支配这些原则的是对下面正当理由和正当动机的认识，"一旦取得战争的胜利，正义战争的公正目标必须要比战前更为公正"（奥伦德，2002:44）。奥伦德认为，这一原则考虑到，**现状**一定首先蕴含有非正义战争的种子，因此所需要的是"恢复加权"。同时，战败国人民的个人和集体权利应该受到尊重，这样就与"更正义"后果相协调。尽管奥伦德系统阐述了国家之间的传统战争的原则，但他认为这些原则对其他类型的冲突也具有普遍适用性，包括当代的"反恐战争"。在本章接下来的部分，我们把奥伦德的原则作为讨论缔造和平与维护和平伦理不同方面的出发点。奥伦德阐述的有关和平本质的前三个**战后**原则是：比例合度和公开；权利维护；区别对待。

首先，这意味着，和平解决应该是"分寸得当，合乎情理"，而非进行报复或无条件投降。胜利者没有权利随意对战败国人民或政体加以处置。此外，和平解决的条款应该是公开的，这样战败国的人民知道这些条款，意识到自己并不仅仅是胜利者的牺牲品。奥伦德的第二条战后原则所要求的是，和平解决要重新恢复并加强遭到非正义战争侵犯的个体和社会的权利。譬如，个体人权得到保护，集体边界得以重新界定,这样就恢复了国家自决权,其中可能包括恢复现状边界,在分离主义冲突的情况下,还得重新确定新的边界。第三个战后区别对待原则认为,和平解决必须区别对待战败国不同阶层的人民,譬如政治领导、士兵或平民就应该受到不同的对待。奥伦德特别强调的是,不能让平民遭受到和平解决产生的负面影响,不应该实施将会影响到平民的大规模制裁,1991年伊拉克战争之后就发生了类似的事情。

如果考察奥伦德的前三个原则,可以看出,这些原则显然反映出道义论和契约论思想的混合体。跟沃尔泽一样,奥伦德力图在尊重个体和集体权利的基础上确立**战后**正义,后者沿着契约论的个体和集体之间关系的思路。因此,对于沃尔泽而言,在原则和实践方面,奥伦德的论述中也存在着个体权利和集体权利之间的潜在张力,以及如何在不影响战败国个体权利和集体权利的情况下,恢复和加强受害国个体权利和集体权利的问题。譬如,在冲突过后,为了尊重人们的权利而保留外国政体占领,那么在这种情况下如何完全维护自决原则,这一点尚不清楚。此外,为了帮助战争受害国进行经济重建,恢复受害国的个体权利可能会要求侵犯战败国平民的豁免权。

从道义论批评家的视角出发,可能会认为奥伦德为个体权利和集体权利之间的交换赋予了过多的理由。威廉姆斯和考德威尔使用纯粹个体主义的术语对正义和平进行了界定,认为"正义和平是维护所有冲突各方人权的和平"(威廉姆斯和考德威尔,2006:317)。这显然关系到承诺要同样考虑胜利者和战败者的人权。但是,从功利主义的视角出发,道义论和契约论的**战后**观都产生了伦理问题。正如贝拉米指出的那样，认为**战后**正义必然包含**开战**正义，必定会阻止潜在的干预者采取反对非正义的行动，这是由于将要承担的**战后**义务的程度所导致的后果。此外，贝拉米还认为，奥伦德力图确立一套**战后**原则，他的这一尝试并不很受到不同类型冲突所需要的维护和平的不同行动的影响，这些冲突从解放战争到人道主义干预，再到区域性国家间的战争不等。因此，在贝拉米看来，不应该把**战后**正义视为正义战争理论的第三个分支，而应该视为一个独立的伦理场域，在这一场域中，道德话语而非正义战争理论中固有的东西占有一席之地（贝拉米，2008）。

迄今为止所探讨的观点都聚焦在冲突的**后果**。从话语伦理、女性主义伦理和后现代主义伦理的角度来看，这种视角忽略了支撑实现和平协约**过程**的伦理意义。从传统上讲，战后和平的缔造一直都是在精英们之间进行的过程，秘密谈判，精英参与者之间利益的交换，通常都是在明显的权力等级条件下进行的。但是，在哈贝马斯看来，只有所有受到战争后果影响的人都参加自由、公平的讨论，和平协约才有可能是正义的。在原则上，这表明和平过程必须高度民主化，需要的可能不仅仅涉及直接相关的政体和人民的代表，还涉及国际社会中对冲突后果有兴趣的那些"旁观者"。即便这样做在实践上不可能实现，话语伦理也要求和平协约至少要努力符合下面的考验：**在公平讨论的情况下，所有受到影响者都须同意**。这意味着，奥伦德所要求的和平要想在真正意义上成为正义的和平，就必须"分寸得当，合乎情理"，这一观点需要

189

以一系列相关视角为背景进行检验。这些视角指的不仅仅是统治集团和军事人员的视角，还有来自不同领域的人们的视角，其中包括侵略国和受害国或受害社会以及更宽泛的国际公众（姆里提，2009：113-135）。

认为在缔造和平的语境内过程和后果之间存在着内在的关联，这表明缔造和平伦理中有可能存在不同的伦理标准，这些标准不仅仅与正当理由和正当动机原则有关。姆里提根据话语伦理思想，强调冲突解决过程中道德融入的重要性。他认为，道德融入要求所有参与者的道德立场从关注自我利益转向能从他人的视角看待问题（姆里提，2009：126-127）。这就使我们注意到一些对于美德伦理、女性主义伦理和后现代主义伦理都更为重要的因素，这些因素与和平谈判中的**何人**和**如何**这些问题有关，而与**为何**和**什么**这些问题无关。无条件投降的和平条款是由胜利者指定的。除此之外，调停总是关涉到相互杀害的双方之间的互动。调停预设着要决定何人成为这一过程的参与者以及非暴力主体间的交流如何得以实现。反过来，这些决定必定会进入到这一过程的后果之中。从后现代主义伦理的视角出发，坎贝尔对产生代顿和平协议①的调停过程提出批评，该协议提供了解决1995年波（斯尼亚和）黑（塞哥维那）和平问题的条件。这是一套复杂的过程，由国际社会进行调解，最终确保了新政权中

---

① 代顿和平协议（the Dayton Accords）是波斯尼亚和黑塞哥维那内战中交战的各方在 1995 年 12 月 14 日于巴黎所签订的协定，同意中止这场长达三年零八个月的血腥内战。因 1995 年 11 月进行协议时位于美国俄亥俄州代顿市的莱特—特派森空军基地而得名。——译者注

有不同民族的代表，并做出了国际长期援助与维和的承诺。坎贝尔观点的关键之处是,他对和平进程未能质疑界定冲突本身的那些条款的方式提出批评,也就是说,在这些条款中,民族身份被理解为最为本质、相互排斥以及政治社会所依赖的基本原则。在坎贝尔看来,这种结果就是形成了一种解决方案,其中种族紧张并没有得到解决,而是被体制化了,这使得和平与政治成为战争的连续体,而非战争的解决方案(坎贝尔,1998)。

　　这里提出的观点是,如果参与和平进程的各方各自坚持相互排斥的身份,那么这会在和平中得到反映。要是参与和平进程的各方更愿意相互认同或真正认为相互之间有着关联,那么就会产生一个极为不同的、更为持久的和平。当然,要是认为很容易做到这一点,那显然十分荒唐。不过,女性主义伦理尤为坚持的是, 和平的伦理路径需要这样一个出发点。认为这种方法会产生作用的一个方式是,把关怀伦理视角带入到**战后**考虑之中。这样一种路径的核心是把**依赖**和**相互依赖**而非**独立**作为基本的伦理条件。如果和平进程的前提是其参与者带着排他利益的排他身份,那么和平只能是一个讨价还价的过程, 其中各方都在努力使自己的利益最大化。但是,如果和平进程始于各方认识到双方身份与利益的相互交织,那么在零和对策①条款下,就更难促成和平进程。这意味着,和平进程的伦理要求使那些调停促进者对坚持排他身

---

　　① 零和对策(zero-sum)指的是双方利益针锋相对,不可能取得妥协的局面,譬如一方胜利,则另一方失败。——译者注

份的做法提出质疑(本-波拉斯,2008)。

女性主义提出的一种解决方案是,把更多的视角引入到和平进程本身,把那些可能并不完全认同交战各方,但却对和平进程的后果有着极大兴趣的各派别涵盖在内。传统上讲,妇女在正式和平进程中发挥的作用几乎微乎其微,尽管她们被频繁地卷入到跨越交战方(譬如北爱尔兰、波斯尼亚、以色列/巴勒斯坦)的基层和平运动之中。从女性主义的视角来看,妇女更多地被卷入到调解之中,将会挑战由于战争而产生的对身份的排他理解,并能加强跨党派界限的相互依赖和共同利益。此外,跟话语伦理者一样,女性主义还认为,这对和平过程后果的正义也有很大影响。因为妇女已经被排除在调停之外,她们的脆弱和需求并没有处于战后和解关注的中心。把妇女带入到和平进程之中,使得"性别正义"更有可能成为"更多正义"后果的一部分,后者是像奥伦德这样的正义战争理论家所要求的。因此,从女性主义伦理的角度出发,通常有充分的理由把正义和平的要求视为超越应对**开战**正当理由(艾德,2008;赫尔姆斯,2003;鲁尼,2007)。

在当代冲突中,和平过程通常是通过他人的调停进行谈判的,其方式是为调停者确立伦理问题,这有别于交战方本身(姆里提,2009:71-112)。就进行和平调停的直接语境而论,伦理义务的一个领域是军事调停。调停活动在战争与和平之间的灰色地带进行,传统正义战争思想在其中并不直接适用。首先,通常要求调停者把交战方分开,控制"安全地带",保护进行人道主义援助的护卫队,自己不放弃中立态度或不采取侵略行动。其次,要求调停者与平民及平民权威合作,并赢取他们的信任,这种情况通常是在他们不熟悉所保护的人们的文化和风俗习惯的语境下出现的。在上述这两种情形下,调停者身为士兵,但要求他们不能完全按照训练他们做士兵时的方式去行事。这些不同的行动规则在交战士兵所熟悉的那些人当中引发了不同的伦理问题,涉及士兵与平民之间的关系时尤为如此。在战争的语境下,士兵的职责是尽可能地区别对待士兵和非战斗人员,使平民的伤亡最小化。在调停时,士兵的职责是与平民合作,通常也与敌对力量合作,这是在当地人对调停者的出现颇感不自在的语境下才有的。在这一语境内,可能会有腐败及对当地人的盘剥。

在惠特沃思对一些调停丑闻所做的讨论中,我们可以看到,调停者感觉到自己的工作并非"严格意义上的"军旅生活,种族主义者及性别歧视者蔑视当地人,这两者之间存在着关联(惠特沃思,2004)。这就使人关注到美德伦理和女性主义伦理所突出的性格和同情的问题。支撑和平运动的主导伦理话语是道义论人权话语,但在这种话语里,正如在人道主义援助那儿一样,和平运动的接受者被视为无能力照顾自己。这就很容易使人产生对保护者和被保护者之间家长式的等级理解,在保护者已经把实施保护等同于略逊于真正的士兵行为的情况下尤为如此。道义论思想认识到**为何**尊重人权以及尊重**什么**人权,但它并没有解决在区分性别和种族等级的语境内,士兵**如何**可能成为成功的调停者这一问题。为了解决这一问题,需要关注使调停成功的那些特征、知识、技能及情感。

奥伦德的前三个**战后**原则起初看起来似乎相当直截了

当,正义和平就应该合乎比例,公开化,维护权利,区别对待。但是,在我们开始考察这句话的含义时,就会出现与获得正义和平的进程和后果相关的一大堆伦理问题。到目前为止,我们只是考察了调停本身的一些方面以及产生进程的伦理。对奥伦德而言,正义和平关涉到战后直接应对适当对待受害者和侵略者的进一步原则。在下面,我们将考察对过渡正义的有关论述。

思考题

1.请比较奥伦德和贝拉米关于正义和平含义的立场,你赞同哪位的看法？为什么？

2.基于尊重排他身份之上的和平协约不符合伦理吗？

3.联合国安理会1325条决议(2000)呼吁,把性别置入所有调停、维和、缔造和平的主流之中,你认为这样做会使和平进程更为伦理化吗？参阅联合国安理会1325条决议的摘要,请登录www.iwtc.org/1325_word.pdf,2009年12月上网材料。

–过渡正义–

传统上讲,战争的后果只是留待"赢家"去决定,并不期望惩戒罪人、补偿无辜也成为战争后果的一部分,除非碰巧战争裁决把这些方面带到了一起。根据基督教正义战争论,战争本身就是惩戒罪人、保护无辜的机制。但是,在20世纪,发展战争与和平国际法的同时,正义和平要求独特的战后进程这一观念牢牢地固定下来。在这一战后进程中，罪人为自己的罪行而受惩罚，受害者及无辜者也得到相应的补偿。第一次世界大战之后的和平解决以一种方式表明了这一趋势，第二次世界大战之后的和平解决则以另一种相当不同的方式表明了这一趋势。第一次世界大战之后，虽然有人呼吁审判德国国王，但实际上是集体惩罚过程，要求德国准备好做出领土让步和经济赔偿。第二次世界大战之后，要求某些人为**开战**和**交战**所犯的罪行承担责任。纽伦堡和东京大审判开创了判定个人战争罪行的先例，但也提出了一些重要的问题，这些问题涉及概括个人和集体担负战争责任的意义以及对征服者和被征服者武装部队的责任原则。

本书中讨论的所有伦理观都对功利主义的没有对责任观念赋予重要的伦理意义提出了质疑，虽然其他观点对其含义和意义也有着相当不同的看法。在功利主义者看来，通过奖励和惩罚的手段来识别行为的责任，只有在其目的是为了功利最大化的情况下，在伦理上方为正确。大部分功利主义者都认为，总体而言，这是奖励的手段在鼓励适当的伦理行为，而惩罚的手段则对这种行为加以阻止。从这一视角出发，他们可能会认为，让个人或集体为战后负责可能会是件好事。但是，在这样的负责带来有害效果的情况下，人们会说，对于第一次世界大战之后的解决方案，用功利主义的术语来讲，就是责任的原则应该让位于把好后果最大化这一更为重要的原则。这一看法与道义论和契约论的观点相对立。从道义论的视角看，个体的道德责任就是确定他们在伦理上具有独一无二的意义。因此，对每位个体尊重的主要内容就是让其为自己的行为负责,否则就是把他们等同于动物。契约论假定个体责任为出发点,但也视之与集体责任直接关联,因为正是个体的意志构成了政治社会权利的基础。个体和集体"承担责任"的依据,取决于人民和政体之间关系的本质,但责任的根本基础在于个体。道德责任写入了契约论和道义论的人之所以为人的论述之中。

可以预料到,美德伦理、女性主义伦理和后现代主义伦理对责任有着不同的见解。美德伦理不把担负责任的个体作为基础,它所强调的是人的**伦理责任**意味着什么。从这一观点出发,伦理责任是需要培养的道德性格的一部分,但这也与角色和语境有关。譬如,士兵为自己的行为担负的伦理责任可能会有所不同,责任大小要取决于其军衔或角色。责任意义的这种社会化也是女性主义思想的特征。女性主义强调伦理身份的关系本质,因此反对对于个体的割裂式理解,后者是契约论和道义论的特征。当然,这并不意味着美德伦理或女性主义伦理否认个体担负有伦理责任,但确实意味着个体社会化和行为的语境在伦理上也极为重要,因此必须得把这些因素考虑在内。此外,美德观和女性主义观还关注在做道德败坏之事的语境内许多其他人相互勾结。在许多人看来,强奸在伦理上是令人憎恶的行为,但是,把性暴力作为羞辱、征服敌人的性别价值等级,却有可能促使此类战争罪行的发生。这些都是集体共有的东西,不能追溯到某个犯罪的个人那儿。

在后现代主义那儿,个体责任和集体责任的观念形成了问题,这一点甚至要超过在美德伦理和女性伦理那儿的情况,因为这些观念预设了一个自身同一的连贯主体。后现代主义者对战后个体责任和集体责任的归罪危险极为关注。这是因为,它可以重新产生本质主体的神话,削弱和平的正义性,这一神话本身就是导致战争的一个关键因素。从后现代主义的视角看,伦理责任是一种倾向于支持而非质疑那些引发冲突的"他者化"过程的话语。在这一层面上,具有悖论意义的是,对他人的"责任"可能要求不对他人"负责",而是力图拆散使罪行成为可能的条件。在这里,后现代主义者拥有一些跟功利主义者同样的实用根据。在决定是否使用以及如何使用道德责任话语之前,必须非常仔细地考虑它**要做**什么而非它是如何有道理。

作为一种实际的做法,正义战争(尽管有着区别对待和比例合度原则)的前提基于集体责任的思想,因为它假定杀害和伤害某一政治社会的成员、破坏他们的财产和上层建筑是有道理的,尽管这些人并不担负直接地、个体地发动非正义侵略战争的责任。在战后,集体责任也被假定为遵循归咎责任政策,言外之意是针对整个战败政治社会的公民而言。这种情况可以用两个例子加以说明。要求战败社会支付赔偿,向国家所有公民征税,第一次世界大战之后的德国就是这样。另一个例子离我们更近一些,20世纪90年代对伊拉克实施的制裁,目的是执行联合国决议。这两种情况提出了把国家或政体等同于全体人民这一伦理问题。从契约论的视角看,在全体人民自由地支持政体进行侵略的范畴内,这种等同可能合情合理。从道义论的视角看,这样一种等同是有问题的,因为它关涉到集体权利凌驾于个体权利之上的思想。

除非每位个体都明确赞同其领导者的所作所为,否则很难看出来遭受他人行为后果的某位公民要为此承担责任。更难看出婴儿或精神病患者要对此承担责任,因为他们也要遭受接下来的贫瘠状况。

哲学家卡尔·贾斯珀斯在其著述的《德国罪行的问题》(贾斯珀斯,1995[1948])一书中对这一问题进行了探讨。该书撰写于第二次世界大战之后。在本书中,贾斯珀斯区分了四类罪行,即刑事的、政治的、道德的和形而上的罪行,其观点带有强烈的道义论色彩。刑事罪行和道德罪行直接指向个体责任。刑事罪行指的是那些犯了刑事犯罪行为之人所承负的罪行。道德罪行指的是那些行为不道德之人所承负的罪行,即便他们是在别人授权之下犯的罪,抑或是在由于非正义法律无法使其负责的情况下犯的罪。政治和形而上罪行指的是共同责任,而非个体责任,但它们却暗含着个体在做错事中负有共谋或冷漠的责任。在贾斯珀斯看来,所有公民都对管理他们的方式承担有共同责任,无论该政体的本质为何。这意味着,即使一般而言公民不应该被视为刑事上有罪,但他们确实参与了共同政治罪行,因此,他们就应当承担一些由于政府的刑事行为和不道德行为所引发出来的代价。形而上罪行是一个适用于所有人的普遍类别,指的是为人类所有的非正义承担集体共同责任。贾斯珀斯认为,这种罪行是不可能用刑事、政治或道德术语规定的,只要所有人都是邪恶的旁观者,他们不采取任何措施阻止邪恶的发生,那么这种罪行就是所有人共有的东西。显然,形而上罪行可能意味着不仅仅是侵略者社会的公民有这种罪行,而且还意味着了解正在发生的事情却对此不采取任何措施的局外人也有这种罪行。

奥伦德的**战后**正义和平原则遵循的是和平比例合度、公开化、权利维护和区别对待这些要求，此外还有三个进一步的要求，它们与贾斯珀斯提出的问题有关联，即惩罚一、惩罚二和赔偿。惩罚一指的是惩罚**开战**罪行，惩罚二指的是惩罚**交战**罪行，赔偿原则与贾斯珀斯的政治罪行类别有关系。后一个原则呼吁向侵略政体的受害者进行经济赔偿，但有一个附带条件，即任何这样的赔偿方案都不应该使侵略者完全破产，因此就对集体责任含义的严重性进行了限定。在惩罚一和惩罚二这两种情形下，奥伦德认为，需要进行刑事审判，作为过渡正义的合适机制。在**开战**罪行这一方面，会涉及指控个体领导者为侵略行为负责，在公正、公开的国际法庭审判其战争罪行，并实施比例合度的惩罚。在交战罪行这一方面，奥伦德坚持认为，先前冲突各方的犯罪者都必须承担同样的法律责任进行刑事程序和惩罚。

战争犯罪法庭是让人们为自己的行为负责的最合适方式，这一观念提出了各种伦理问题。政治或军事领导者应该个人来承担其公共角色实施行动的责任，这一概念已经受到质疑。譬如，内格尔认为，在管理私人行为和公共行为的伦理标准之间存在差异，这意味着，不能用判断私人行为的同样术语来判断政治家的行为。比如，在第二次世界大战期间，丘吉尔批准了不加区别对待的大轰炸，那么把他视为谋杀者是否合适？在内格尔看来，与私人道德相比，掌控公共人物的道德更具功利性，更以后果为导向。应该以这些术语来对公共行为进行判断(内格尔,1979)。也有功利主义者反对让领导者在战争犯罪审判中担负责任。回应贝拉米的**战后正义**要求,可以说,这可能会削弱调停的可能性,因为知道战败之后自己会受到指控的领导者更有可能把战斗进行到底,在和平谈判中进行权衡的概率就会小得多(贝拉米,2008)。这些观点通常使道义论和功利主义道德理论家相互对立,道义论者认为绝对道德原则很重要,功利主义者则优先考虑后果。但是,在这一熟悉的讨论背后则是另一种观点,是更通常地与**战后过渡正义**的含义关联在一起的观点。这就是围绕**惩罚正义**对应**恢复正义**的相对道德重要性进行的讨论(姆里提,2009:136–159)。

惩罚正义对有罪之人进行惩罚,因为这些人应该受到惩罚。这本质上是在往后看。相比而言,恢复正义关注的是对受害者实施正义,应对他们遭受到的伤害进行补偿,让他们重新开始。本质上这是在向前看。这两种正义观不一定相互对立,甚至有可能是受害者需要看到有罪之人受到惩罚,作为对他们实施正义的一部分。但是,如果我们把战争犯罪裁判视为过渡正义机制,那么这些裁判显然属于惩罚性的而非恢复性的措施,针对的是作恶者而非受害者。在一些批评家看来,战争犯罪审判的伦理问题与让政治领导个人负责无关,而与这些程序没有充分满足受害者要求的方式有关。这可能有两种不同的方式,第一,因为刑事程序中不一定有赔偿;第二,因为在受害者作为目击证人的角色过程中,他们实际上被迫重新体验施加在他们身上的暴力恶行。女性主义理论家一直尤为关注批评那些由于性暴力行为进行的审判对受害者产生的影响(坎贝尔,2004;莫铎,2004)。但是,更为普遍的是,对于美德伦理、女性主义伦理和后现代主义伦理以及功利主义伦理而言,战争犯罪审判给予作恶者一种道德优先权,使得注意力从其他伦理问题中转移开来,其中包括如何更好地使过渡超越冲突的问题。

最近十年来,过渡正义惩罚机制批评家一直对在国家间战争之外的语境内发展出来的解决方案尤为感兴趣。这些机制包括最著名的"真相"和"真相与调停委员会"。真相委员会首先发起于南美各国,通常是在内战冲突从独裁主义政体过渡后的一段时期出现。真相委员会的关键内容是以赦免犯罪者来交换权威做了什么的"真相",其中包括"消失了"的人是怎么一回事。真相委员会反映出功利主义道德推断,因为它们向那些放弃权力者保证他们不会受到迫害,因此实现了政治过渡。但是,真相委员会也受到恢复正义的启发,把受害者及其亲属的苦难公布于众,允许人们为那些死亡真相被掩盖起来的死者哀悼。真相与调停委员会要比真相委员会更为雄心勃勃,它明确受到恢复正义理想的启发,其中南非法庭就是一个重要的例子(克罗克,1999)。

跟真相委员会一样,南非真相与调停委员会的一大部分工作是交换特赦证词(在一定限度范围之内——只有"政治"行为才可以得到特赦)。在很多情况下,其工作涉及作恶者与受害者之间的直接沟通,这种方式与标准刑事法庭上被指控者和证人之间的关系极为不同。此外,真理与调停委员会召集集体机构的代表们,譬如教会或南非医学联合会,见证其与种族隔离政体的勾结。真理与调停委员会下设一个分委会,处理受害者的赔偿和恢复事宜。因此,总体而言,真相与调停委员会努力包含集体与个体对罪行担负的所有责任,相对于赔偿,更优先考虑恢复。但是,最重要的一点是,该委员会的作用被认同为在种族隔离的南非产生了一种新的叙事话语,使得国家向前发展,而不是确立有关过去的真相。因此,真相与调停委员会必须毫无偏见,把非洲国会及种族隔离政体的代表们都包括在其适用范围之内。

　　许多问题已与南非真相与调停委员会的运行方式发生了联系(克罗克,1999;弗莱彻和温斯坦,2002)。但是,就它引发的伦理问题来说,有三点特别重要。第一点与是否存在某些行为不惩罚就不行的问题有关。从道义论的观点来看,允许折磨者不受惩罚,不仅没有尊重每个人身体完整的权利的绝对本质,而且也没有尊重作为理性之人的折磨者,理性之人应该为自己的行为负责。此外,人们还认为,对作恶者进行特赦,就等于没有满足受害者要看到惩罚正义和恢复正义的要求。第二个问题与缺乏全面性有关。不是所有的作恶者都遵守过来作证的传唤,在应对拒绝作证的人方面,这包括种族隔离政体中的一些大人物,法律程序的运转极为缓慢。从道义论的观点看,这使得一些人逃避了他们本来应该承担责任的行为。第三个问题与赔偿和恢复供给的不充分性有关。可以说,如果不具备更为广泛的资源再分配,大部分人缺乏建设性地继续生活下去的手段。这一问题使我们从过渡正义领域转向下面的问题,即在已经深受连续的剥削、分配不公平和暴力冲突影响的语境内,从长期来看,需要什么东西的存在才能维护正义和平(库茨,2004)。

思考题

1.你如何理解"集体责任"这一概念？如果有集体责任这类事物的话,那么它为进行集体惩罚提供了依据吗？

2.需要具有惩罚正义才能拥有恢复正义吗？

–维护和平–

在奥伦德的战后正义原则中,最后一条是恢复原则。本质上,这一原则指的是在国家之间进行的战争要求对侵略者进行洗新革面,或者指在内战冲突之后重建政治社会。在这些可能涉及的范围内,奥伦德列出的恢复表单如下:非军事化和裁军、警察和法制再培训、人权教育以及"深刻的结构改革,迈向和平的自由主义民主社会"。围绕奥伦德称之为恢复的工程,有各种伦理问题支撑着关于**为何、什么、何人**以及**如何维和**的伦理讨论。在对这些问题进行详细考察之前,我们应该注意到,在本章中,我们对和平伦理的讨论在对"消极"和平与"积极"和平两种不同的理解中间摇摆。消极和平被理解为没有战争的和平,而积极和平则被理解为一种事态,其中暴力冲突的条件已经被处理,从前的敌人有可能现在和谐地生活在一起(道尔,2007:143)。在前面,对和平的这些不同理解的强调有所不同,有些伦理观更为关注消极和平,而有些则更为关注积极和平。但是,谈到奥伦德包含在"恢复"工程之内的东西时,这意味着,可持续和平不仅仅是交战方的停火,消极和平最终要取决于积极和平。如果接受了这一点,正义和平的意义就拓展到把与战争的结构条件相关的一系列问题都包含在内,而不仅仅只是包含了交战方之间某些冲突的具体内容。

在什么情况下恢复是**战后**正义的伦理要求呢?在奥伦德看来,伦理要求从**开战**正义而来,因为正义战争的目的应该是产生一种比战前"更为正义"的后果。要想实现这一目的,侵略者就得被革新、被打败。在这一语境下,"更为正义"意味着对个体权利和集体权利的维护。这一立场容易遭受到两种不同的批评。一方面,可以说,这一立场产生了相互矛盾的要求,因为它提出侵略者社会和人民的集体权利和个人权利可以通过高压统治得到维护。在自决的集体权利方面,这一点似乎特别成问题,因为前者很难与强制性社会和政治政体相和谐。从契约论的观点出发,这样一种强制不但违背了集体权利,还违背了个体权利,因为国家的合法性实际上来自人民的同意。

另一方面,一种对奥伦德观点的不同批评反对下面的说法:战争"更为正义"后果的目的应该总是被理解为把侵略者一方的改革也包括在内。贝拉米认为,采取这种"最大化"的立场在道德上是有问题的,这要取决于它所谈论的战争类型、其正义的潜在可竞争性、**战后正义**与**开战理由正当性**之间的关系以及对于什么是正义社会和政治秩序的同意程度(贝拉米,2008:619–721)。关于第一种观点,贝拉米区分了侵略性正义战争与自卫性正义战争之间的不同。侵略性正义战争包括人道主义干预或对非正义政体发动的战争,似乎把恢复作为符合**开战理由正当性**要求的一部分。但是,为什么自卫战争要包括战后理清侵略者问题的道德义务,尤其是遭受攻击的社会具有这种义务,这一点尚不清楚。即便对于号称是正义的侵略战争,如果这一正义遭到广泛争议,似乎就限制了胜利者大量干涉所谓的非正义国家事务的权利。贝拉米也担心,把**战后正义**恢复作为**开战理由正当性**的要求,人们一定会谴责那些阻止了种族大屠杀却未能革新这一非正义国家的干预行动。贝拉米对最大化**战后**正义的最终反对是,这一正义必须要假定对正义社会和政治秩序的理解,而这一秩序本身就存在争议。

贝拉米的观点有一部分是后果主义观,力图削弱对**战后**正义过分雄心勃勃的论述,从而维持以下这种可能性:自卫战争或阻止种族大屠杀的战争依旧被视为是正义的,国家将继续欣然进行这样的战争。贝拉米还根据契约论,坚持把**战后责任**与交战推论中所暗含的道德承诺关联起来,并对缺乏社会和政治秩序的正义形式的一致同意予以关注。这样一来,他就把为何恢复是正义的一个要求这一问题与恢复涉及**什么**、**何人**对此负责以及**如何**进行恢复这些方面关联了起来。

恢复性政治社会不再可能卷入到暴力冲突之中,无论是外在冲突还是内在冲突,它都不会参与。为了让一个政治形态发生这样的转变,奥伦德的著述及关于缔造和平的大量文献都认为,需要发生各种概念的、政治的以及经济的变化(姆里提)。这么说来,为了进行合理的恢复,我们需要理解促使战争、维护和平的那些概念的、政治的以及经济的条件。对这些条件的不同理解对正义和平的含义有着不同的意义。经常引用的恢复例子是第二次世界大战之后同盟国占领与西德重建。在这种语境下，裁军、去军事化、去纳粹化、政治政体变革以及大量经济投资被誉为营造了维护和平的条件。在这一实例的基础之上，可持续和平似乎要求某种社会和个体的身份、民主政体形态及某种层次的分配公平。

根据这一观点，应对发动战争的能力不仅仅关涉到把武器拿走，还关涉到改变心境和思维，部分要通过社会化过程来实现，部分要通过民主化来实现，部分要通过把抱怨不满的根基——贫困——根除掉来实现。在第一种情况下，对再社会化的依赖向道义论和契约论伦理思想中发挥作用的道德中介模式提出了深刻的问题，因为很难把自由道德主体的观念与道德思想受到外部过程塑造的中介调和起来。根据这些观点，再社会化被界定为重新引进道德真理的概念。对不再受到虚假倡导者操纵的理性中介而言，道德真理显而易见。这一真理必须要独立地理解和接受。如果纯粹是强行施加，那么道德中介就没有受到应有的尊重。从功利主义的视角看，再社会化是改变伦理思想的促进因素，其方式是奖励坚守一种而非另一种价值观。对功利主义来说，重要的是后果，而非观念。观念受操纵或被强制，就不存在内在的伦理问题，因为这是一切观念首先被如何内在化的本质。

话语伦理、美德伦理、女性主义伦理和后现代伦理都已经假定伦理思想的主体间性。对这些伦理而言，道德价值置于社会化而非来自抽象推理或人性，这一观念已被视为理所当然。对话语伦理来说，重新定位那些曾经支持过暴力冲突的伦理,要求一个民主过程,其中受到这些价值观影响的所有人都能在公平讨论的情况下对这些价值观进行权衡,并含蓄地发现需要这些价值观。这意味着,对话关涉到以前冲突的双方。从美德伦理的视角看,只有凭借那些需要改革之人参与的道德传统中固有的资源,才能对道德价值观进行重新定位。因此,重新定位道德价值观应该被视为一种再生过程,而非一种价值观代替另一种价值观的过程。从女性主义和后现代主义的视角看,重新思考引发暴力冲突的价值观和身份要关系到一个自我审视的过程。在这一过程中,敌我之间的共性和相互依赖成为对一种本质化的对抗性的自我与他人关系进行革新的基础。

关于道德再教育意义的这些不同思考,明显反映出不同的伦理出发点,还反映出进行或推动这些过程的道德责任应该在于何人这一问题的不同含义。契约论、功利主义和道义论表现出一种家长式的模式,其中,把侵略者的错误价值观摆正是胜利者或第三方的责任。贝拉米坚持下面的观点:认为胜利者必须承担这些长期过程的责任,这种观念大错特错。关于要求长期干预缔造和平及维护和平的所有过程,贝拉米认为,国际社会需要接受一种集体性责任。这就是保护正义战争胜利者不对失败方担负有大量资源的义务,而且更为合法,在战争的正义本身就成问题的时候尤为如此。这里的暗含之义是,国家间机构与国际非政府组织必须联合起来担负起维护和平的任务(贝拉米,2008)。

话语伦理、美德伦理、女性主义伦理和后现代主义伦理以不同的方式表明,再社会化过程需要"自下而上",这并非效果的缘故,而是因为这使得这些过程真正具有伦理性。对于话语伦理、女性主义伦理和后现代主义伦理而言,这些过程不仅仅关涉到"侵略者",还关涉到较早时期的敌人,跟上文讨论的真相与调停委员会所采取的方式差不多(姆里提,2009:160–180)。虽然这与国际社会具有促进这些过程的道德责任这种观念不相协调,但它表明其他类型的地方、基层参与者更有可能使适当的伦理改革成为可能。在话语伦理、女性主义伦理和后现代主义伦理那儿,还把伦理改革的责任推向所有参与冲突之人以及所有遭受冲突影响之人,包括那些其权利和正义得到冲突后果维护的"赢家"。

关于政体变革的伦理讨论也回应了在改变心智方面碰到的那些主题。我们关注的所有伦理观都提出了把政治体制施加到人民身上的道德性问题,即便民主政体亦不例外。甚至在功利主义那儿,民主化的正确性也取决于把功利性最大化的机制。如果强加的民主化加剧了不稳定的可能性,那么这就会对其提出强烈的功利主义控告。在这个问题上,契约论和道义论遭遇到更为复杂的伦理问题。在这两方面,都有道德观同情支撑民主政治形式及保护个体权利的自决观,个体权利是自由主义民主中固有的。从这些视角看,在战后建立自由主义民主可被视为"权利维护"所必须包含的内容。另一方面,契约论和道义论的核心都是人类自由的观念,这一观念与强制性施加的政体思想极不协调。因此,从这些视角看,在尊重战败方的基础上对"政体"和"人民"进行区分,就具有了伦理意义。如果可以令人信服地说,这二者并不等同,政体过渡在全体人当中拥有更广泛的支持,那么这种观点在伦理上就更加为人所接受。尤其从契约论的视角看,如果建立起了一个真正的民主政体,就意味着人民将有机会使其"意志"广为人知,将会在建立这一机会的过程中对抗强制性因素。此外,对这两种观点而言,从伦理上讲,重要的是自由主义和民主是高级的政治组织形式。假定这一点是真实的,那么也是假定了人民将会最终欣赏这一真理,只要他们是理性的道德中介。

话语伦理与契约论和道义论一样,也承诺把民主和保护个体权利作为能够最好反映道德要求的政治和法律约定。从话语伦理的视角看,公正的讨论本身的条件在本质上讲极为民主,并且对公利表示尊重。因此,在某种意义上说,民主化是正义和平的必要条件,这一正义取决于所有受影响之人都会同意这一点。此前政体的不道德程序可能是什么,人民自身需要什么,或者说,如果他们理解了交际潜在的伦理观时会需要什么,在这里要对二者加以区分。此外,如果受到影响的所有人都有权利参加讨论,话语伦理似乎要求把民主化拓展到正在改革的那一方之外,从而把其他冲突方以及对后果感兴趣的第三方也包含进来。因此,在某种程度上,话语伦理要比契约论或道义论更具强有力的意义,它要求全世界的法律和政治组织为伦理观提供合适的条件(姆里提,2009:160–180)。

美德伦理的立场为迈向自由主义民主的强制性政体变革设置了更多问题,尤其在美德被等同于具体语境之下的"厚"价值观时,就更为如此,沃尔泽这样的理论家在著述里就是这样说的。在话语伦理中,"民主"和"权利"本身是有争议的术语,在历史发展过程中,这两个词语要比"正义"一词更有文化具体性。可以从"厚"道德推断这些术语通常的"薄"含义吗?在这一方面,有些美德伦理观得出与契约论极为相似的结论,尽管出于不同的原因。契约论谴责强制性民主化进程,认为这些过程消解了自由的价值;语境美德观谴责这些过程,是因为它们声称必须使用即将被变革社会的现有伦理词汇来证明政治结构——如果这些结构想要牢固确立的话——是合乎道理的。在更为普遍主义的美德伦理那儿,即便没有通过更为"自下而上"的道德教育过程来反复灌输合适的道德发展,自上而来的强制性民主化仍有问题。

在女性主义伦理和后现代主义伦理那儿,不存在谴责民主化这类事情。跟有关社会化过程的论述一样,在这两种情况下,采取自上而下的形式也有问题。契约论伦理、道义论伦理和话语伦理都认为,存在道德上优越的法律和道德组织模式。对女性主义和后现代主义而言,这种确定性本身不仅在道德上有问题,而且它还容易导致不顾文化语境和政治语境的做法。譬如,把某些民主化进程等同于冷战后殖民主义的延续,反映出历史上政体形态由外部更为强大的参与者所塑造及再塑造的政治社会和人民的体验。说实话,名为解放的过程可能会被体验为征服的过程。女性主义和后现代主义批评家认为,理性主义的伦理理论忽略了这一事实,因为这些理论把伦理理解为与权力截然不同,然后试图把伦理原则应用到伦理与权力纠缠在一起的世界之中。据此,女性主义和后现代主义伦理提出,把对相关身份与利益的某一理解视为理所当然的民主化进程。把种族群体奉为神圣的新体制,有可能使冲突永远存在，而非解决之。确立群体之间讨价还价结构的正式议会体制，可能会把不太强大的参与者排除在外。反映一些重要弱点的人权规定，譬如种族性，有可能不包括与年龄或性别相关的其他重要弱点。抵抗这一可能性的一个办法是倾听，并对"自下而上"的民主化过程投入精力。

在思考可持续和平的条件、个人态度和身份层面的转移及政治体制和结构的变化时，经济层面的变化也被认为非常重要。本章前面已经谈到，正义和平的一个要求应该是对战争中的受害者进行赔偿。在国家间的战争中，传统上，这意味着由侵略者对侵略受害者进行赔偿，尽管在奥伦德那儿，赔偿还有附带条件，即不能把犯罪国家弄得完全枯竭殆尽。在要发动政体变动的侵略性正义战争以及内战方面，这一情况变得越发复杂，因为识别何人承担战后赔付的责任以及如何进行赔付，都是颇有争议的问题。这些讨论关系到更为宽泛的分配公平与正义和平的伦理要求密不可分。是否只有在分配公平要求在指导我们考虑到受害者和侵略者、正义政体和非正义政体及其人民的情况下，和平才是正义的呢？如果我们被分配公平要求所指导，那么我们应该遵循什么样的分配公平理论呢？

无须重新审视第五章探讨的观点，我们就可以直接看出，契约论和道义论推论可能给出适合指导战后安排的不同版本的分配公平原则。从契约论的视角看，伦理责任是接受的协约中所固有的东西。这就意味着，从国际社会做出的承诺来看，1991年伊拉克战争结束之后实施的经济制裁并非不公平。恰恰相反，伊拉克政体坚持的使其不朽的行为才是不公平的。从道义论的视角看,不行使最低限度食物和医疗的福利权利,使得国际社会的正义更成问题。而要是放弃制裁政策,这种情况就完全可以避免。这种观点令人回想起在罗尔斯等理论家和基于需求的美德理论或道义论理论家之间关于全球分配公平的讨论。在这场讨论中,前者认为,政治社会必须在决定何人应当为何人担负什么责任的问题上为其人民承担责任;后者如努斯鲍姆或坎尼则认为,在道德上重要的是需求本身以及何人有能力满足这种需求,而不讲明确的契约义务。但是,契约论和道义论都有可能赞同下面的说法:2001年入侵阿富汗和2003年入侵伊拉克的强国应该有义务在这些地区进行大量的经济投资。对契约论者而言,这是这些强国做出政体改变承诺的言外之意;对道义论者而言,如果不这样做,将会严重侵犯基本的经济人权。

对契约论者和道义论者而言,无辜和罪行对于控制正义和平的分配原则极为重要。二者都不会赞同主人保留早已被剥夺所有权的财产,在此意义上,他们都会支持战后对受害方进行赔偿和补偿。但是,在道义论基础上,可以说,不管相关人员是有罪还是无辜,都存在一个绝不可侵犯的基本分配公平层面。这表明,缔造和平需要一些应对分配公平问题的机制,这些机制超越了赔偿或补偿语言。同样,从功利主义视角看,通过使和平更具可持续性这一手段,经济再分配把功利性最大化,只要可以证明这一点,分配公平就获得了正义和平。因为有大量证据表明,过度贫困和不平等必定会引发暴力冲突,反过来也是如此,强有力的功利性理由表明分配公平对于可持续和平具有重要意义(麦金蒂和威廉姆斯,

2009）。对功利主义者而言，重要的是，暴力循环圈被打破，不管冲突方是有罪还是无辜。从话语伦理、美德伦理、女性主义伦理和后现代主义伦理的视角看，战后分配公平伦理取决于支撑这一伦理的原则为受其影响者所接受的程度。因此，所有的伦理视角都接受这样的观点：分配公平对于正义和平具有重要意义，这把我们带回到了分配公平本身的含义这一问题。始于战后正义的讨论，止于对全球正义类问题的更宽泛讨论。

思考题

1.女性主义和后现代主义批评家认为，集体暴力由性别身份和种族身份所维持。如果是这样的话，那么为了和平而改变这些身份，如何做在伦理上是可以容许的？

2.在伦理上容许对非民主政体实施民主吗？请给出理由。

–结论–

正义和平意义的短期及长期问题把我们带回到了全球伦理内部其他讨论中那些极为熟悉的问题。这里，我们再次看到了关于个人伦理价值、个人和社会的意义及伦理重要性、伦理责任的意义与含义以及过程相对于后果的伦理重要性的各种对立观点。功利主义和道义论对赔偿和恢复进行的论述，反映出对个人道德重要性基础的不同看法。契约论者对同意和政治社会的道德重要性的方式所做的考察，对其集体惩罚或恢复的合法性的结论产生了影响。后现代主义对伦理责任的理解，表明一种跟契约论或道义论完全不同的缔造和平方式。话语理论、女性主义理论和后现代主义理论优先考虑在伦理上把受影响方包括在内；相对应的是，在谈到和平进程时，功利主义则强调后果的重要性。我们还碰到了在可供选择的理论框架与由此而来的规定性后果的范围之间进行判决的问题。在这一方面，弄清楚正义和平的意义，就特别明显地突出了伦理理性主义观与伦理非理性主义观之间的冲突，因此也突出了伦理观权威的基础和范围问题。这是因为，冲突过后，解决冲突的基础是权力关系，这些关系赋予一些当事方把自己的观点**强加**于他人身上的能力。

当代理论家阐明的**战后**正义原则主要反映出功利主义、契约论和道义论的伦理观，其中何为正义和平的问题被视为可以用让所有权利思考者都能接受的方式得到解决（姆里提，2009）。话语伦理、美德伦理、女性主义伦理和后现代主义伦理理论家对这种可能性表示怀疑，但他们同时也指出施加有些受领者根本无法接受的某种解决方案的伦理意义，这些人不能接受这一解决方案，但也不能说这些人就不道德或错了。对伦理观权威的本质和基础的看法，对伦理理论家与其对话者之间的伦理关系具有意义；当涉及实施某些伦理规定时，这种看法对被视为合法的强制或说服机制也有意义，譬如，把正义和平的功利主义、契约论和道义论理论家定位为进行缔造和平及建立和平活动的权威专家，他们为后来的缔造和平者和建立和平者提供了可以遵循的指导原则。如果这些原则没有得到遵循，那就意味着需要那些有权力使情况发生变化的实践者摆正这种局面。要想实现这一点，可以通过教育和培训的机制，也可以通过胡萝卜加大棒的强制性效果，譬如提供或取消援助这种措施就可以取得这样的效果。

伦理观道德权威问题因而成了**伦理**问题，这一问题关涉的是伦理理论家（作为教师、专家、同龄人）对其受众述说的方式以及阐明在道德方面如何对待他人。在本书的开头，我们提出了全球伦理是否关涉到把现有道德知识及认知方式扩大到全球领域的问题。这一问题也可理解为，全球伦理是否就是为等级式相互依赖的新全球化提出的挑战构建新的伦理回应。在这一问题里面，暗含着两种道德理论观的对比，前者是个人可以获得的知识结构，后者是更为接近美德伦理的**实践智慧**观，这是一套工具而非一套答案。接下来，我们将考察这些不同理解之间利害攸关的东西，以及这会对全球伦理这一独特的伦理探索领域产生怎样的影响。

-参考书目及深入阅读-

1.巴斯.G.《战后正义》,《哲学与公共事务》,32(4),2004:384-412.作者全面综述了战后正义问题，认为占领的战胜国尽早撤出是最为正义的选择。

2.贝拉米.A.《胜利的责任:战后正义与正义战争》,参见《国际研究评论》,34(4),2008:601-625.这篇文章是现有战后正义观中极有价值的批评论述，其观点是战后正义的路径是微妙、有限的，战后正义脱离了正义战争理论。

3.本-波拉斯.S.《关怀伦理与依附:再思战后正义》,参见《希帕蒂娅》23(2),2008:61-71.这篇文章把关怀伦理作为探讨战后正义问题的路径。

4.坎贝尔.D.《国家解构:波斯尼亚的暴力、身份和正义》,明尼阿波利斯:明尼苏达大学出版社,1998.本书受到了后结构主义的启发,对国际社会对波(斯尼亚)黑(塞哥维那)战争与和平过程所做的回应进行批评。

5.坎贝尔.K.《正义的创伤:性暴力、反人类罪及南斯拉夫国际刑事法庭》,参见《社会与法律研究》13(3),2004:329-350.这篇文章是女性主义后结构主义对南斯拉夫国际刑事法庭的正义模式所做的批评。

6.克罗克.D.《与过去的罪行算账:规范性框架》,参见《伦理与国际事务》13,1999:43-64.作者力图在对过渡正义的要求这种支配一切的模式中把赔偿正义和恢复正义结合起来。

7.道尔.N.《世界伦理:新的日程安排》,第二版,爱丁堡:爱丁堡大学出版社,2007.关于和平的意义及含义的思考,参见第142-147页。

8.艾德.M.《"国家的耻辱":女性主义正义战争、特权和责任》,参见《希帕蒂娅》23(2),2008:48-60.这篇文章提出,女性主义战争伦理应该主要关注战后正义。

9.弗莱彻.L.E.和温斯坦.H.M.《暴力和社会修复:再思正义对和解的贡献》,《人权季刊》24,2002:573-639.该批评文章考察了战犯审判在带来国家和解过程中所发挥的作用。

10.赫尔姆斯.E.《妇女作为伦理和解的中介:妇女非政府组织与对战后波(斯尼亚)黑(塞哥维那)的国际干预》,参见《妇女研究国际论坛》26(1),2003:15-33.作者考察了妇女及基层群体在波(斯尼亚)黑(塞哥维那)和平进程中发挥的作用。

11.杰克逊.R.《海湾战争中的辩证正义》,参见《国际研究评论》18,1992:335-354. 这篇文章是对1991年海湾战争进行全面分析的正义战争理论。

12.贾斯珀斯.K.《德国罪行的问题》,参见《跨国正义》(第一辑),N.J.库茨(编著),华盛顿特区:美国和平研究所出版社,1995[1948].这篇文章探讨了20世纪30年代及40年代德国所涉及的各方面责任和罪行及承担者。

13.库茨.C.《赔偿正义:记忆的代价与交谈的价值》,参见《哲学与公共事务》32(3),2004:277-312.这篇文章考察了中欧和东欧的案例以及经济赔偿在帮助或阻止恢复正义方面发挥的作用。

14.麦金蒂.R.和威廉姆斯.A.《冲突与发展》,阿宾顿:罗德利奇出版社,2009.本书探讨了当代世界政治中暴力冲突和发展之间的内在关系,其中包括对解决冲突和冲突过后重建的论述。

15.莫铎.J.《井底的呐喊:战时强奸的国际审判对妇女机构的影响》,参见《国际政治女性主义杂志》6(1),2004:110-128.这篇文章对南斯拉夫国际刑事法庭审判实施性暴力罪行者对受害者产生的负面影响提出批评。

16. 姆里提.T.《建立和平伦理》,爱丁堡:爱丁堡大学出版社,2009.本书汲取了话语伦理思想,系统探讨了缔造和平与建立和平伦理,提出了一个极为包容的道德路径。

17.内格尔.T.《公共生活中的残酷》,参见《道德问题》,剑桥:剑桥大学出版社,1979:75-90.作者认为,需要对政治领导者担当的道德责任与私人个体承担的道德责任加以区分。

18.奥伦德.B.《和平的条款:沃尔泽战后正义理论》,参见《迈克尔 (沃尔泽论战争与正义)》第六章,加地夫:威尔士大学出版社,2000:135-152.这篇文章对沃尔泽的战后正义观进行了极有价值的探讨。

19.奥伦德.B.《战后正义》,参见《伦理与国际事务》16(1),2002:

43–56.作者力图利用从沃尔泽对正义战争理论的把握中汲取出来的思想,把战后正义系统化。

20.鲁尼.E.《产生过渡正义:缺席与沉默的问题》,《语境中的国际法杂志》3(2),2007:93–107.这篇文章考察了北爱尔兰的案例以及把妇女排斥在和平进程之外所蕴含的意义。

21.沃尔泽.M.《责任的问题》,参见《正义战争与非正义战争》(第4版)第五部分,纽约:基础图书出版社,2004:287–327.这篇文章主要对领导者和士兵承担交战罪行的责任进行了探讨。

22.惠特沃思.S.《男人、军国主义与联合国维和》,科罗拉多州波尔得:伦恩–林纳出版社,2004.本书是对维护活动所做的女性主义批评。

23.威廉姆斯R.E.和考德威尔,D.《战后正义:正义战争理论与正义和平原则》,参见《国际研究视角》7(4),2006:309–320.这篇文章在人权观的基础之上论述了战后正义。

第八章

全球地方化语境内的全球伦理

　　前面几章所关注的都是普遍公认的全球问题,概因分配公平、战争与和平这类问题都根植于以下方式:世界不同地方都存在着极大的共性,或相互关联,或相互依赖,或二者兼而有之。我们已经看到,对于全球经济正义、正义战争、正义和平领域出现的问题,不同伦理视角提出了不同的看法。但是,不管这些伦理对这些问题有着怎样的看法,也不管这些看法是多么肯定,所有这些伦理视角都是在不能把伦理共识视为理所当然的世界中发展出来的。因此,所有力图解决全球伦理问题的尝试都面临着如何应对缺乏共识这一挑战。上一章中,在对建立正义和平伦理问题进行思考时,迎接这一挑战的方式所彰显的意义就显得尤为突出,在那里,某些中介有力量把自己的正义观强加于那些没有正义观却应该从中获益的人身上。在本书即将结束的这一章里,我要提出的观点是,尽管我们探讨的这些伦理视角之间存在着差异,但它们最终都会聚到一点之上,即需要确立适当的伦理手段,对那些产生冲突但却被人真诚坚信的伦理信念进行调解。我们将会看到,"适当的伦理手段"取决于上述不同视角对其道德观权威地位的看法。

本章将从我们一直在探讨的不同视角出发,聚焦应对全球伦理分歧(不一致性)挑战的方式。为了做到这一点,我们将对在"全球地方化"层面上引发出来的伦理问题进行考察。"全球–地方"是杜撰出来的一个术语,用以表明全球化进程并不统一,而总是被地方语境所体验和改变,并且同时也在改变着地方语境。全球化产生的一个影响是,伦理价值观出现冲突的情况在日益激增,而这些价值观显然无法用同样的标准进行衡量,这些冲突在地方层面上重现了文化和权力的全球多样性。本章将从三个部分展开讨论。第一部分详述我们一直在讨论的伦理理论之间利害攸关的伦理问题,以及这些问题如何指向思考用以调解伦理分歧的伦理的必要性。第二部分关注全球伦理中理性主义视角对全球–地方价值观冲突引发的问题进行的回应。第三部分考察对反理性主义伦理视角进行的回应。结论部分指出,全球–伦理问题的讨论为全球伦理设定了一个重要的未来日程表,要求更多地关注对美德伦理、女性主义伦理和后现代主义伦理极其重要的**何人**及**如何**的问题。回到本书第一章提出的问题,可以说,尽管我们可能不需要完全重新创立我们的伦理理论,从而对全球伦理领域做出贡献,但是,阿皮亚和帕雷克等理论家提出,全球伦理需要一种与伦理探讨领域完全不同的理论定位,后者或含蓄或明确地把目标观众的共性作为既定条件,他们的这种观点显然是正确的。

–伦理问题再讨论–

在本书的开头,我们提出全球伦理是否能把应用于全球伦理问题的现有伦理视角作为前提的问题，或者说，全球伦理是否要求创建出思考伦理问题的新方式的问题。在接下来的几章里，我们详尽勾勒出了当代伦理讨论的援助、发展、分配公平、正义战争及正义和平这些全球问题。在每个问题上，我们都看到了把现有伦理框架应用于这些问题所蕴含的含义。我们还看到，从来都不是那么直截了当地就把现有伦理视角应用到了全球问题。即便在道德视角十分清楚所涉及的相关原则和后果的情况下，要制订出对**何人**及**如何**问题的回应，也出现了诸多困难。换言之，我们可能在原则上已经确立污染者应该为其污染行为掏腰包，但谁是污染者呢？是国家、公司、公民这些现在正在进行污染的人呢，还是过去那些污染者的后代呢？我们可能已经确定，在道德上要求大规模的全球财富再分配，但是实现这一要求的适当伦理机制又是什么呢？我们如何实现这一点，同时又不会加剧新的非正义呢？在上述这些情况下，"我们"所指又为何人？在这一语境下，已经根植于道德传统之中的张力变得尤为敏锐。这些道德传统已经发展出来，但却对相关道德社会的范围没有予以明确的关注。

如果再回到本书追溯的那些讨论中极为关键的伦理问题，我们就能看到这一点。譬如，几百年来，个体主义道德理论，如功利主义、契约论和道义论，相互之间一直在争论人类个体道德意义的根基。但是，由于所探讨的伦理问题关涉到更大范围的参与者及参与领域，譬如援助与发展政策、移民管理、集体政治暴力的合法性或过渡正义的适当机制，因此，这些理论的不同观点所蕴含的含义的规模也就更大，其意义也就更重要(布罗克和布里格豪斯,2005;伯格,2001)。同样的,在普遍主义道德理论之间进行的讨论中,譬如一方是道义论或功利主义,另一方是契约论或美德伦理,长期以来,在确定伦理观合法性方面,社会和语境的意义问题利害攸关。在被问及的问题是关于全球层面的伦理回应时,这一点就更为重要。在西方政治理论中,所谓的自由主义(普遍主义)和社群主义(语境论)思想家已经就**为何**问题争论了好多年,他们在具有自由社会、经济和政治秩序特征的相当多的伦理价值观方面达成了共识(马尔霍尔和斯威夫特,1996)。但是,一旦这种讨论在不同类型的政治社会中被全球化,而每个社会都有其自身复杂的道德传统,那么对于**为何**问题的分歧也就演变成了对于**什么**伦理价值观才是真正全球价值观的分歧(本哈比,2002;坎尼,2005;坎尼和琼斯,2001)。

　　对于思考个体参与者之间、个体参与者与集体参与者或结构之间的伦理关系而言,道德责任(过失、无过失)以及互惠关系是否以及如何与正义和非正义相关联的问题一直都极为重要。然而,在涉及对于贫困或暴力的**全球关注**这一方面时,责任似乎可能更加难以描绘,互惠似乎更有可能遭到拒绝。进行从富到贫的跨国再分配,在战败国进行经济投资,这些可能会成为一种道德义务,成为超出职责要求以外的分外工作,成为道德方面中立甚至是错误的做法。正如**何人**问题在全球语境下呈现出来更多的复杂性那样,**如何**问题亦是如此。如果应对的是一个全球语境,其中道德传统的多样性和权力等级毅然决然地把个体参与者与集体参与者分离开来,这时,决定何为伦理上正确之事的程序以及实施伦理上

222

正确之事的过程本身**在伦理方面**就很重要,其重要性就会成倍地增加。

在所有这些讨论及其对伦理判断和行为的意义之中,隐含着道德权威的利害关系,这种关系又隐含在对**为何**问题所做的不同回答之中。我们已经看到,理性主义道德理论视其道德观类同于知识观。这一类比在功利主义和契约论的论述中尤为彰显,它们把道德立场置于人性和理性的经验主义真理观。道义论否认道德真理观的自然基础观念,但它却认为道德真理可以被理性的人通过参照道德观的普遍依据和范围而加以认识。如何使他人信服某一伦理立场的合法性,这一问题对现代哲学伦理非常重要。这是因为,这种合法性一直被理解为对个体应该如何思考、如何行动、如何构建社会以及政治和经济结构的伦理规定合理性极为关键。但是,这一问题在全球伦理中尤为难缠,因为在这个领域中,尚不清楚存在着一种共同的道德词语,在这一道德词语里面, 由于对伦理理性主义框架内的任何权威要求缺乏全球性的共识,这样一来,提出**为何**问题并无视真理权威的观念就受到反驳。这并非是说伦理价值观不具全球共性,而是说在为何拥有这些价值观的原因方面不具全球共性。在这一方面, 就连最确信其观点具有普遍伦理合法性的那些伦理观, 也都有责任来认真思考认为道德上正确的原则或价值观在**全球**的应用或实施所涉及的那些伦理问题,因为这必定会关涉到应对那些对正义的基础及意义持有(从理性主义视角来看)错误观念的大批人,而非顽固的违法犯罪者。

223

话语伦理依据道义论和契约论以及哈贝马斯的真理共识理论，认为可以把正义与受影响者的一致立场等同起来。但是，虽然话语伦理遵循的是理性主义路径，但它已表明从功利主义、契约论和道义论固有的道德知识模式中脱离出来。这是因为，话语伦理否认道德知识可以在个体道德中介的理性探索基础之上获得或得到证明，即否认道德真理可以独立于人们的共识而存在。我们已经看到，在某些方面这把话语伦理部分地置于理性主义和反理性主义伦理理论之间，因为后者还同时认为，伦理在本质上具有主体间性，并且价值观和原则的伦理价值不能与理解和应用伦理价值的方式分离开来。因此，在这一方面，对话语伦理、女性主义伦理和后现代主义伦理而言，正义的应用和实施预设着弄清楚正义意味着什么的某种主体间过程。尤其在女性主义伦理和后现代伦理那儿，这一过程根植于一种语境中，在这里，在经济、文化和政治权力及道德身份和传统方面，认为对那些持不同观点者要区别对待。

作为探讨全球伦理的路径，话语伦理、美德伦理、女性主义伦理和后现代主义伦理始于功利主义、契约论和道义论的终结之处，即在关注权利者意见有分歧的语境下识别和实现正义的问题。这意味着，跟理性主义一样，反理性主义路径要想作为一个独特的伦理探索分支，成为确立全球伦理的可信基础，那它就得说明如何对这一问题进行回应。要想成为确立全球伦理价值观和原则的可信基础，那就更不用说了。为了考察不同理论路径中所隐含的回应类型，我们下面接着探讨这些路径提供的那些用以应对"全球地方化"伦理价值观冲突的资源。

思考题

在全球伦理讨论中，我们已经识别出五个特别重要的问题：个人的道德意义、个人的道德意义相对于社会或文化的道德意义、"过失"的伦理重要性、过程相对于后果的伦理意义以及道德观的权威基础（参见第五章）。在这五个问题中，你认为哪个问题对全球伦理最为重要？为什么？

–从理性主义视角应对全球地方化伦理异见–

伦理价值观的冲突并非起源于全球化的影响。大多数文化和传统对道德是非抱有不同的看法。但是，大多数文化和传统也都明确限定道德多样性所能容许的范围，把风俗习惯与法律的主导思想奉为神明。此外，从内容和程序上讲，文化和传统的讨论至少有一些共同的参照点。譬如，思考一下自由主义国家中对流产这一现象赞同和反对的争论，就反映出了深刻的伦理分歧，但赞同和反对通常都是在权利这一语言中得以形成的。在全球异见的情况下，讨论并非是由预先存在的语境来构建。在这种预先存在的语境中，已经可以识别多数与少数、占据上风的与破坏性的道德观以及某些共同的道德参照点。这意味着，不像表述得更直白的道德观的大致构图那样，我们并不具有全球地方化道德争议的形式及潜在后果这一预先存在的大致构图。这一点并不表明全球地方化

225

的争议各方必定生活在无共同尺度的伦理世界中,而是在强调无论他们是否如此,这是个开放式的问题。

　　并非所有道德价值和原则的明显分歧都会反映出伦理异见,认识到这一点非常重要。对有关人权的全球问题、文化的道德意义以及贫困与移民问题展开的讨论,通常反映出的是某些感兴趣的参与者的优先考虑, 而非深刻的道德差异。譬如,美国拒绝签署国际刑事法庭条约①,并不一定表明与这个法庭所体现的惩罚及恢复正义价值观存在分歧。这种做法有可能表明集体和个体之间的道德优先考虑与这个法庭所体现的道德优先性的排序不同, 也可能只是一种策略判断,认为签署国际刑事法庭条约有可能使美国人处于危险之中。但是,如果我们考察一下赞成或反对美国签署国际刑事法庭条约的那些观点,就会发现这些观点使用的都是同样的伦理词汇,涉及的是同样的价值观。就连童工这样的问题也越发被视为与社会经济语境有关,而与照料、养育和教育孩子应该得到道德上的重视这种观念的一些本质性分歧无关。当联合抵制使用童工的公司的政策导致其状况严重恶化时,这一情况就十分明显(皮里克,2007)。因此,在识别伦理分歧时需要特别谨慎,不能因为不同语境下的做法不同,就匆忙得出结论说,这意味着独特道德世界的存在。

①　国际刑事法庭(the International Criminal Court)成立于 2002 年,其主要功能是对犯有种族屠杀罪、危害人类罪、战争罪、侵略罪的个人进行起诉和审判。作为世界上第一个永久性的审判战争罪的法庭,于 2002 年 7 月 1 日正式生效。美国担心一些美国人将因"战争罪名"被起诉而一直再三阻挠该法庭的成立。美国总统布什拒绝签署国际刑事法庭的条约,并宣布前克林顿政府签署的任何有关协议都是无效的。——译者注

在当今全球化世界中,有两种语境在全球地方化的价值冲突中占据着特别主导的地位,尽管这两种语境历史都很悠久。第一种语境是移民模式,移民者的价值观与接受者的社会主导观念价值观不同。第二种语境是国际或跨国干预模式,干预者——譬如援助人员或维和人员——的价值观跟这一社会的个人或群体的价值观不同。在这两种情况下,都不是内部人士与外来人员的一种直接冲突,因为并非所有参与者都赞同其自身文化中与多数人立场相关的主导观念。在人们生活的隐私方面,这些冲突得到最强有力的体验,主要集中在肉体、惩罚、对待儿童、尊奉宗教、关于性别、婚姻以及性的选择与做法的伦理合法性这些方面。显然,这样的问题必须由决策者和立法者来解决,但我们这儿担心的并非政治或法律回应,而是伦理理论如何应对怎样从伦理上对这些全球伦理冲突进行回应的问题。最近几年来,受到很多关注的此类问题有:女性割礼(批评家所用的术语是女性生殖器官切除)、妇女服装、断肢等惩罚、控制生育、流产、逼婚、包办婚姻、对同性恋的态度、对艾滋病的反应等(巴里,2001;本哈比,2006;贾格尔,2008;奥肯,2008;帕雷克,2008)。

关于这些问题,面对着对立的立场,功利主义会做出什么样的反应呢? 作为理性主义道德理论家,功利主义者的第一项任务是要弄清楚哪种立场在道德上是正确的, 也就是说,哪种立场把功利性发挥到了最大限度。为了做到这一点,功利主义者会脱离开具体的语境,从对每个人的快乐或痛苦产生的意义出发,在普遍层面上对这一问题进行思考。之后得出结论,功利主义者就会考虑这些结论的后果及其对行为的意义。这些内容本身都得用功利主义的术语进行表述。就以女性割礼这样的事情为例加以说明吧。相对于男人和女人作为个体的不确定性得益，鉴于有一半的人要承受痛苦，功利主义者的成本-收益计算似乎很有可能把女性割礼视为在道德上是错误的。用功利主义的话来讲，重要的是后果。考虑到这一点，其规定性含义就显而易见了：应该尽快终止这种做法。那么，伦理问题就变成了："在功利主义的限度内，终止这一做法的最有效的办法是什么？"也就是说，首先是产生的负效用不能比这一做法产生的多。

从功利主义的视角来看，终止这一做法是否通过道德教育、重大社会变革、立法、贿赂、高压统治方法，这些都没有关系，只要获益大于损失，使用什么方法都无所谓。然而，在做出这样的判断时，功利主义必须得仔细考虑实际的做法、这种做法与人们生活的其他方面内在关联与否以及相关人员的连锁反应等。譬如说，割礼确保了一些女性的婚姻资格，这一点并不影响功利主义者判断这一做法的错误性，但在如何根除的问题上必须得把这一点考虑在内。这表明，为了终止这一做法，需要考察对女性以及作为社会体制的婚姻的一系列其他观点，以便改变非公正做法的激励性结构。功利主义的含义似乎是，由于道德判断引起的变化极有可能是连根拔除，从而形成一个世界，在这个世界里，功利性的产生并非是因为采取的做法与每个平等的人的功利性根本对立。在这一语境下，引起变化的**手段**必定服从于**目的**的需要。

关于对通奸或谋杀进行惩罚的道德性产生的全球地方化伦理论争，契约论道德理论对此又会做出怎样的回应呢？

正如功利主义一样，契约论道德理论家迈出的第一步是，依据契约论的观点，力图识别出在道德上可以接受或不能接受的东西。我们知道,如何弄清楚这一点关涉到两个因素:前契约个体和签订契约的(通常是假想出来的)环境。概因如此,不同契约理论家会或多或少地允许什么范围的行为视为个人的参数这一问题,还允许在公共领域中采取适当的惩罚方法。但是,由于所有契约论道德理论强调的都是个体自然权利在同意什么方面所发挥的限制性作用,还由于与功利主义观点相关联的哲学人类学认为，人追逐享乐，趋避痛苦,因此,契约论与区分私人行为领域和公共行为领域及身体惩罚极限的自由主义观有着强大的关联。大部分契约论者认为对通奸的惩罚并不合适,即便他们认为对杀人犯最适当的惩罚是死刑,但他们还是期望执行死刑的方式不太"残忍和非同寻常"。

鉴于契约论者认为对通奸进行惩罚在道义上是错误的,在公共领域中对身体实施极度痛苦的惩罚在道义上也是错误的,那么在那些持对立观点和做法的人看来,契约论者应该如何做呢? 暗含之意大概是应该停止这些观念和做法。但是,在思考**如何**才能做到这一点时,契约论者面对着两大困惑。契约论思想的核心为个体是"理性的选择者"。正是因为对个体拥有这种观念，因此就无法断定他/她同意极端惩罚这种做法，即使个体确实已经或明确或含蓄地表示了同意。因此,这就必定意味着,在某种程度上,赞同这些做法的人本身是理性的,而不是弄错了、无理性、邪恶。显而易见,人们对这些惩罚做法的持续错误将会做出不同的反应,这要取决于判断结论。如果错误在于正在讨论的理性之人身上,那么看起来似乎论争在往前走。但是,如果是非理性或邪恶,而不是错误,那么这就表明需要直接的、强制性的干预。这有可能涉及那些坚信非理性观念之人的再社会化,原因在于其受同化的方式,或者在于使用武力阻止那些蓄意的邪恶。第一个困惑是,如何首先弄清楚怎样阐明不道德的观念和做法。第二个困惑是,如何才能调解强制性、干预性机制,从而改变拥有自然自由权利的人的现有观念和做法,尤其是引起问题的做法出现在另一政治社会之中。

对于其他社会进行强制性干预,契约论可能会给出两个理由。第一,侵犯了本质性的权利,这不可能通过契约进行交换。第二,在有这些做法的社会中,缺乏对它们的共识。在这样的情况下,强制本身就是对强制的回应,这一悖论因而得以解决,尽管只有在人们首先接受契约论思想的基础之上,才可以做到这一点。跟功利主义相比,契约论为同意赋予了道德相关性。概因如此,即便在强制产生积极后果时,它也难以证明理性之人真心真意地持有哪些观点,倒是更易于证明某些观点一看就是理性之人或好人自然不会持有的观点。

从思想方式上看,道义论道德理论不像功利主义和契约论者那样与自由主义密切关联。但是,正如功利主义和契约论一样,道义论对于如何应对全球伦理论争(譬如上文讨论的那些方面)进行的回应,也要取决于首先弄清楚正在讨论的观点和做法的正确与错误。一旦了解了这一点,道义论的立场就再清楚不过了:一定要追求道德方面正确的东西,而不计后果。在许多当代道义论批评那儿,这就意味着,尊重基本人权是所有道德传统的底线要求。如果道德传统不尊重这样的人权,那么就要求确保这一尊重的存在,条件是人们这样做不会对权利构成侵犯。使用跟契约论者思考实施正确之事相类似的伦理方式,道义论必须首先区分权利正在遭受侵犯的不同原因。这是直接的错误吗?在这种情况下,理性证明就是所需要的全部。这是更深层次的非理性或虚假意识吗?在这种情况下,家长式干预和道德教育可能就是必须的。这是邪恶吗? 在这种情况下,如果违反者要得到其作为人的最起码尊重, 那他们就必须为自己的行为承担完全的责任,并被要求对其行为进行解释。

使用迄今为止所探讨的伦理视角来应对伦理异见,需要注意以下几个方面。第一,所有伦理视角都对"自己生活,也让他人生活"①的路径加以限定,以应对全球地方化的价值观冲突。虽然这些视角都不要求在整个伦理观和做法方面的完全一致,但它们允许多样性的存在是有条件的,即这种多样性不能违背基本价值观和原则。因此,所有这些视角都为干预和变化预留了空间,作为伦理上所要求的对伦理异见的回应。第二,所有这些视角都声称自己不停留在任何一种道德观那里,相反,它们代表的是普遍可以接受的道德真理。第三,这意味着,跟道德真理对立的观点被归类为"看法",因此属于劣等视角,不管人们多么真心实意地持有这些看法。第四,这样的"看法"必须得进一步进行分类:有可能是错误的,有可能在本质上就是错误的,它们还可能完全就是邪恶的。第五,在这一语境下,持有不道德观或多或少有力地反映出这些看法持有者的道德身份。从最好的方面讲,他们是错误的,也许是由于自己的过失,也许是因为他人的图谋策划。从最坏的方面看,他们要么因认同一种非理性的道德立场而未能实现其做人的期望,要么本身就是道德败坏之辈,实施了不道德的行为。

正是由于其个体主义基础,功利主义、契约论和道义论就弄不明白为何人们明明具有知晓正确之事并拥有做正确之事的能力,但却偏偏总是做出错事来。如果理性证明不足以使做坏事者相信他们就是错了,那么答案在于,要么他们在某种层面上被人强迫(他们在道德方面容易上当受骗,或者他们受到威胁而做了坏事),要么他们本身不足为人或道德败坏(也许这两样本质上就是一回事儿)。关于有争议的全球地方化伦理问题,不管这些理论家期望谈论一些什么样的具体内容,他们的审慎考虑必定会把大部分人都置于道德卑劣之列。这是因为,根据这些观点,正是知晓正确的能力才决定了人的道德地位。有些道德信念是正确的,有些则是错误的。如果道德理论家知晓了正确的东西,那么她/他就可以声称自己拥有了道德优越性,可以弄清楚自然、理性或道德法则的含义。

理性证明、道德教育、重新社会化和强制都是从理性主义道德理论视角应对全球地方化伦理异见所允许的机制。在谈到对道德异见的伦理回应所关涉的内容时,功利主义、契

约论和道义论在拥有对**什么**问题的答案基础之上,对应该**如**
何开展这些过程以及由**何人**开展的关注相对较少,除了设置
一些道德限制之外,譬如这些过程不应该产生比例不合度的
伤害或侵犯基本权利,别无其他。话语伦理也是理性主义式
感悟,那么它对这一讨论会持有什么看法呢?显而易见的差
异就是,从话语伦理的视角出发,对哪种全球地方化的道德
观点是正确的这一问题所做的回答,需要它本身(及其规定
性后果)得到不同观点倡导者真实参与的实际暂时授权。从
话语伦理的视角看,只能通过公平条件下的辩论,所有受到
正在讨论的问题影响之人都参与这种讨论,才可以应对全球
地方化伦理异见。

话语伦理中涉及的这种观点要求参与者之间的相互尊
重和诚信品格,因此会弄清楚坚守某种伦理观在何处可以真
正得到普遍辩护(道德的),与此相对应的是具体身份的反映
(伦理的)或符合某些党派利益的运作(策略的)。在第二章,
我们看到,话语伦理一般在可信度和适用性方面遭受批评。
就连那些作为受到影响群体一员的人的决定也很难弄明白,
并且这一过程除了提出大量的逻辑问题之外,还要求参与者
付出巨大的努力来摆脱自己既定的身份和偏见。此外,批评
家认为,公平辩论的条件有效地把自由主义规范体制化了,
这样就预先决定了对话的后果。女性割礼是根植于性别关系
和亲属关系等级观的做法,如果我们以这一问题为例的话,
那么所有受到影响者都作为平等的人介入到对此的交谈,就
削弱了这些等级观。这意味着,赞同这种做法的人不能把对
这一做法进行的道德讨论的参与者视为相互平等的关系。他

们要是这样做,就有效地放弃了自己应该为之辩护的这种做法的关键性支柱。

在上述推论基础之上,可以说,话语伦理遭遇到一种迂回的循环圈。在这一循环圈中,从辩论的条件,我们已经知道什么样的原则将会通过话语伦理对正确与善进行区分的普遍化测试。这些原则反映出的是把个体理解为平等的、自由的和理性的观念。跟功利主义和契约论的人性观及道义论的道德法则形式观一样,后面一种理解不会停留在任何一个社会或生活方式之中。这意味着,与个体的平等、自由和理性观发生冲突的伦理观和做法,好则反映出的是错误,坏则反映出的是蓄意的不道德。因此,一旦通过实际或虚拟的辩论确立了权利,就把话语伦理转回到了其他理性主义理论中所蕴含的对全球地方化伦理异见的回应方法那儿。在哈贝马斯的思想框架之内,道德教育是改变错误道德观念和做法的关键手段。

思考题

请思考你对流产、死刑、包办婚姻、同性恋这些问题所拥有的最根本的道德价值观或立场,你认为需要什么才能改变你对这些问题的看法?理性证明能做到这一点吗?你的道德确定性对他人具有什么规定性含义?

–超越理性主义,应对全球地方化伦理异见–

哈贝马斯认为,在某种意义上,公平辩论的条件是"自由浮动的"。话语伦理的一些倡导者对哈贝马斯的这一观点提出批评。本哈比认为,这些条件实际上反映出的是现代规范性视野,不能被视为文化和社会的"外在"语境(本哈比,1990,1992)。她还批评了哈贝马斯过分强调普遍化程序的后果,因此又陷入了理性主义的错误。在本哈比看来,从话语伦理的视角看,后果只不过是大体上可以普遍化的原则。因此,辩论的结果总是削弱了特定情况下的行动应该采取的实质性原则。它们把某些东西排除在外,但并不从正面确定什么才是要做的正确事情。因此,对本哈比而言,推论程序的意义并不在于它是得出何为正确的确定性观点的方法,而在于根植于程序本身的价值观和原则。

沿循这一思路,本哈比再次对哈贝马斯论述中的过渡理性主义提出了质疑,后者假定脱离实体的理性参与者,这些人脱离了其具体的身份及相互之间交流的兴趣。本哈比抛开这一看法,认为理解道德视角关涉到双重意义的换位思考。这不仅意味着根据普遍尊重和平等的观念与他人进行道德交谈,还意味着运用自己的想象力和移情力把他人的立场理解为带着特定身份、历史和需求的有形且具体化的主体。本哈比认为,实际上,话语伦理并非"像一把尖刀切断了"那些可以赋予普遍合法性的观点与那些不能这样做的观点,后者是一种把对普遍性原则的尊重与识别差异及对之极为敏感的能力结合起来的道德形式。因此,对本哈比而言,对全球地方化伦理异见的回应,就是使这种道德交谈继续下去。这是对迄今为止所探讨的理性主义理论最为显著的背离,在这些理论中,道德介入点是得出结论,而非植入过程(本哈比,

1990:359）。

本哈比对话语伦理的修正受到了美德伦理和女性主义伦理理论的影响,但她努力坚守理性主义、道义论道德思想的内容。美德伦理对全球地方化异见的回应沿着这一路径走得更远,彻底放弃了对什么是道德正确的东西这一问题的回答,这一答案对弄清楚怎么解决道德观和道德做法的冲突极为必要。从美德伦理的视角看,这是因为,对什么是正确东西这一问题的回答总是置于现有做法和生活方式的框架之中,而这些做法和生活方式可能并不具有相同的衡量尺度。乍一看,美德伦理无法提供如何从伦理方面对不同的全球地方化观点进行调解,因为不同道德传统之间并不存在共同的做法或生活方式。因此,全球地方化的倡导者及对通奸或谋杀的某些惩罚形式的反对者就会接受多元性及其无法相互交谈这一事实。

然而,这种理解低估了美德伦理没有首先赋予道德观是非这一问题优先性的程度。对美德伦理而言,理性主义理论问了错误的问题。我们需要从始于有关道德知识的问题(如何获取道德知识及其规定性含义)转向在具体语境下如何过繁荣生活的问题,即道德品格和美德的问题。在回答这些问题时,我们既不能假定一个"凭空而来的观念",也不能假定一个解决全球地方化伦理冲突的确定性认识论方案。这个问题反而成为在多元伦理承诺的语境下如何很好共存的问题,对各方而言,这一问题产生于一个场所,而如今移植到了另一个场所。

按照沃尔泽在《厚与薄》(1994)一书中提出的观点,道德理论家首先要做的不是确立何为正确之事,而是考察在他/

她自身道德传统之内的可用资源，从而形成与他人的共同基础。这些资源可能是实质性资源，因为这一探索找到了不同生活方式之间的伦理品质和承诺（譬如，父母为孩子尽最大能力的义务、诚实的道德价值、反对谋杀行径）的共性，这些资源也可能更为"程序化"，也就是说，使陌生人的交流或伦理思想（同情、善良、谦卑、怀疑、创造性）的革新成为可能的那些品质。道德理论家要做的第二件事是，考察伦理生活新基础的含义：在具有多元性的社会中，很好地生活意味着什么？正是因为美德伦理是有语境的，美德理论家就不能只是断言一种生活方式比另一种生活方式完美。当一套社会关系不再以同样的方式存在时，却坚持根植于其中的生活方式必须存留，这种观念是对伦理的误解，首先使之脱离了有意义的东西。考察现有道德传统及变化者的语境，能得出什么结论则无法预先得知。它也许可能、也许不可能在对立的观点之间建立起沟通的桥梁。然而，这是从美德伦理视角应对全球地方化冲突的唯一伦理方式。

对理性主义理论而言，美德伦理方式不仅迟钝缓慢，而且还处于对要做的正确事情为何的错误回答的危险之中。从女性主义和后现代主义伦理的立场来看，他们同情全球地方化美德伦理中固有的道德权威去中心化，但也怀疑在应对生活方式时对权力问题的忽略。正如美德伦理那样，在回应全球地方化伦理多元性时，关怀伦理和后现代主义伦理没有优先考虑道德知识，而是指向主导伦理立场交织在等级和从属关系之中的方式，从而使这种多样性复杂化。

从女性主义关怀伦理的视角出发，把权力语境考虑在内,这引起了对围绕影响妇女的问题进行的标准化全球地方化伦理讨论的双方的质疑。因为这些都是普遍性建构,比如女性割礼,这一讨论被理解为优先考虑文化相对于优先考虑个体的身体完整权利(盖尔奥蒂,2007;李,2007)。但是,对关怀理论家而言,需要依据关怀做法中固有的价值观,对讨论双方进行具体解构①。在这一方面,女性割礼这一做法的倡导者和反对者都有问题,前者的问题是他们导致了持续的痛苦,并使等级社会制度延续下去;后者的问题是他们的具体做法脱离了语境,没有考虑到对女性的影响,也没有考虑到在这一持续过程中作为积极中介的女性,他们使用的是自由主义人权话语,这一话语位居于拥有大部分权力和范围的文化之中。在对双方讨论的观点感到困扰之时,女性主义伦理家期望为普遍存在的批评洞开途径,为双方带来变化;同时,在不同伦理立场之间进行调解时,他们偏爱折中办法而非强制手段。从关怀视角来看,全球地方化伦理异见的伦理路径不能是直接的强制性或单向的路径。跟美德伦理一样,它要求努力彻底弄明白一个带有深刻多元性的新关系语境所具有的伦理意义。

后现代主义伦理甚至比美德伦理和女性主义伦理把道德知识观的解构推向更远。一般而言,这使得后现代主义立场对那些基于知晓正确的伦理权威观之上来应对全球地方化伦理异见的策略表现出了极其抵制的态度。但是,这不仅对理性主义立场有意义,而且对社群主义立场也有意义。在

---

① 解构(deconstruct)是文学、哲学用语,尤指在文本中找出自身逻辑矛盾或自我拆解因素。——译者注

后者那儿,尊重文化差异的"正确性"被赋予了支配一切的权威性。假如情况就是如此,对伦理异见的后现代主义伦理回应须不断质疑伦理论争中各方的权威观,抵制有关伦理价值观和原则的霸权立场的出现。因此,与上述所有观点相反,从后现代主义的视角出发,解决全球地方化伦理冲突既不可能,又不值得向往。值得向往的是,使这样的争议繁荣起来,同时又不永远排斥在伦理上何人重要以及这些人如何重要。这似乎就要求在全球地方化讨论中拥有一种开放和谦逊的伦理(巴特勒,2000,2004)。

从本哈比对哈贝马斯话语伦理的修正一直到美德、女性主义和后现代主义的论述,对于全球地方化伦理异见的适当伦理路径所强调的是,全球地方化互动不能基于预先假定道德权威的基础上。如果我们回到理性主义理论对于伦理异见回应的那些机制,它们本质上都是一种方式,道德权威立场在掌控着局面。这种掌控的原因有二,其一,道德权威立场对真理的完全控制;其二,真理使得权力和力量合法化。如果相互对立的道德立场被理解为要么是"错误的"(出错了),要么是"不正当的"(不道德的),那么持有这些道德立场的人就被理解为受压抑、待开化、愚蠢、恶劣。不管是哪种情况,都是在互动进行之前就设立了等级,这种等级构成了互动的本质。伦理理性主义批评家把伦理异见的含义及其广度和深度视为有待发现的而非假定的东西。对这些批评家而言,成问题的不仅仅是对立的主张,还是持有这种主张的方式,有时候这可能反映出深刻的伦理分歧,有时候却不是这样。如果深刻的伦理分歧在起作用,那么这些分歧就用辩论、反省、自省、倾听、内在批评及构建新的生活方式来取代理性证明、道德教育和强制。他们关注人是什么，并不关注人知道什么，认为前者对构建应对复杂多元伦理承诺的共同方式非常重要。他们使人们关注到伦理讨论的政治及其在具体社会关系和条件中的根深蒂固。

思考题

请思考你对流产、死刑、包办婚姻、同性恋这些问题拥有的最根本的道德价值观或立场。如果你把美德伦理、女性主义伦理或后现代主义伦理作为出发点，那么跟持有对立观点的人辩论这些问题有何意义？

–结论–

伦理思考的反理性主义传统让我们认识到，全球伦理对个体应该如何生活以及国家和跨国的制度安排①都具有深刻的意义，这一学术研究领域不能在真空中来研究或理解。全球伦理必定与全球政治和经济、国际法和文化及交流的关系密切。概因如此，即使在理论上人们对于自己的伦理立场非常自信，但这种自信却很难转化成个人生活中始终如一的行为，更甭提转化成像国家、国际组织、国际慈善机构这样的集

---

① 制度安排（institutional arrangements）是一项具体的制度，它表现在以下两个方面：一是组织外部、各个组织之间规章制度的确立；二是组织内部结构和组织要素关系的确立。——译者注

体参与者的行为了。在富足世界里参加养老金计划的人,极有可能投资那些在政策和做法方面都违背自己伦理承诺的公司。在城市贫困条件下勉强糊口的人,极有可能加剧对可持续发展的削弱程度。在这些语境下,即使人们肯定个体权利胜过集体权利,或者伦理义务产生于"过失",但尚不清楚这些道德肯定性是怎样转变成实际的。

在全球伦理语境下,关注何为道德正确之事问题的道德理论有点儿不合适,上述讨论并非在力图表明这一观点。这些讨论期望表明的是,所有参与全球伦理讨论的人都须对证明及应用价值观和原则的过程所提出的伦理问题极为敏感,这些价值观和原则具有世界性范围。知晓什么是正确的是一回事,而正确地行为又是另外一回事。正确地行为并非仅仅在实质意义上把某人的道德信念运用到实践之中来做正确之事。它还关涉到思考人是如何行为的,以及人的行为可能产生影响的幅度,这远远超越了做正确之事的明确预期后果。在我们生活其中的这一尤为复杂的等级结构世界中,要正确地行为,有时候可能会把自己的道德理念置于一边,也可能会从没有生活在最好的世界上这一视角来重新思考这些道德理念。这样总是存在一定的风险,一来因为极易对伦理冲突中利害攸关的东西产生误解,二来因为我们无法控制自己行为的全部后果,无论计划事先制订得有多么完美。在这一方面,除了需要想清楚最好的世界是什么样子,我们还需要培养对责任心、同情心、慷慨、善良和谦逊的理解能力。这些品质使我们能够跟别人友好相处,在具有共同价值观的地方,能够努力识别;在不具这些价值观的时候,能够识别在何时能否构建以及如何构建。

在本书开头部分,我们考察了全球伦理作为一个学术研究领域的意义。在那里,我们提出了全球伦理是否应该被理解为给现有道德理论引入了一个新的应用领域(全球)的问题,换言之,它是否要求发展新的道德理论化方式的问题。在以上几章讨论的基础之上,对这一问题的回答是"既……又",而非"要么……要么"。现有的道德理论,尤其是当前主导这一领域的理性主义理论,成为解答**为何**和**什么**问题的强有力工具,极其有助于澄清全球变暖或战争正义这类问题的其他伦理立场的根基。同时,由于这些理论在全球伦理专家和那些将要受益于这种专门知识的人之间建立关系的模式,这些理论为陌生人之间建立联系所提供的资源倾向于加强道德排他主义①,而非向它提出挑战。在这一方面,我们还需要向阿皮亚和帕雷克这些理论家学习,他们认为全球伦理关涉的是发现,也是发明。思考这一发明和发现**过程**中所涉及的**何人**和**如何**这些伦理问题,最终使得全球伦理这一领域特别与众不同而且极具挑战性(阿皮亚,2007;帕雷克,2005)。

-参考书目及深入阅读-

1.阿皮亚.K.A.《世界主义:陌生人世界的伦理》,伦敦:企鹅丛书出版社,2007.作者认为,我们需要建立新型的伦理思考模式,从而正确回应正在全球化的世界中我们伦理存在的变化性本质。

---

① 道德排他主义(mora lexclusion)指的是在伦理生活中优先考虑自己、家人和朋友,对他人尤其是匿名的陌生人表现出怀疑、拒斥或极度的不信任,其中蕴含着"道德中的不道德"之内在悖论。——译者注

2.巴里.B.《文化与平等:对多元文化论的平等主义批评》,剑桥:政治出版社,2001.基于个体的道德和平等政治基础之上,作者对文化多元论进行了强有力的批评。

3.本哈比.S.《沟通伦理和当前实践哲学中的争议》,参见《沟通伦理争议》,S.本哈比和F.多尔迈尔(编著),马萨诸塞州剑桥市:麻省理工出版社,1990.在这篇文章中,作者阐明了本哈比的观点是如何与哈贝马斯的观点区分开来的。

4.本哈比.S.《定位自我:当代伦理中的性别、社会和后现代主义》,剑桥:政治出版社,1992.在这部论文集中,本哈比提出了她的调整版话语伦理。

5.本哈比.S.《文化观:全球时代的平等和多样性》,普林斯顿:普林斯顿大学出版社,2002. 本书把本哈比的视角应用到对国家内部和国家之间的多元文化讨论。

6.本哈比.S.《另外一个世界主义》,牛津:牛津大学出版社,2006.本书阐明了本哈比回应关于移民和价值观的全球地方化冲突的某些跨国问题的观点。

7.布罗克.G.和布里格豪斯.H.(编著)《世界主义的政治哲学》,剑桥:剑桥大学出版社,2005.这部论文集把应对全球伦理问题的主要理性主义路径汇到一起,阐述了伦理理论的"专门知识"路径。

8.巴特勒.J.《重拾普遍:霸权和形式主义的限度》和《竞争的普遍性》,参见《偶然性、霸权和普遍性:关于左派的当代对话》,J.巴特勒、E.拉克劳和S.奇泽克,伦敦:弗索出版社,2000.文章阐明了后结构主义关于如何在伦理思考中使用"普遍"类别的观点。

9.巴特勒.J.《极度兴奋:性自主性的限度》,参见《消除性别》,纽约和伦敦:罗德利奇出版社,2004.这篇文章是后结构主义伦理路径的一个实例,其中人权中的"人"的含义总是成问题。

10.坎尼.S.《超越边界的正义:全球政治理论》,牛津:牛津大学出版社,2005.在考察不同类型的伦理理性主义之间的争论方面,本书作者的态度特别坚决。

11.坎尼.S.和琼斯.P.《人权与全球多样性》,伦敦:法兰克-卡斯出版社,2001.这部论文集探讨了在全球多元论语境下是否存在普遍人权,其中考察了在全球地方化语境下如何应对价值观冲突的问题。

12.盖尔奥蒂.A.《相对主义、普遍主义和应用伦理学:女性割礼案例》,参见《星座》14(1),2007:91-111.这篇文章对女性割礼道德确定性的批评提供了修订版的理性主义、普遍主义观批评。

13.格里克.V.V.(编著)《全球发展的伦理维度》,普利茅斯:罗曼和利特尔菲尔德出版集团公司,2007.这部论文集探讨了全球伦理中各式各样的问题,大部分内容指向"全球地方化式地"及互动性地思考全球伦理的重要性,而不是通过应用已经存在的伦理框架来对之进行思考。

14.贾格尔.A.《"拯救灵魂":妇女全球正义与文化间对话》,参见《全球伦理:开创性论文》,伯格和霍顿(编著),圣保罗:帕拉冈出版社,2008:565-603.这篇文章最初发表在《真正的世界公平》(2005),A.福尔斯达尔和T.伯格(编著),多德勒支:施普林格出版社。这是女性主义对于努斯鲍姆和奥肯这些思想家首倡的多元文化论提出的批评。

15.李.X.《宽容不可宽容的东西:女性生殖器官切除》,参见《全球发展的伦理维度》,V.格里克(编著),兰纳姆:罗曼和利特尔菲尔德出版集团公司,2007.这篇文章列举了一个自由主义案例来宽容女性割礼的某些做法。

16.马尔霍尔.S.和斯威夫特.A.《自由主义者和社群主义者》,牛津:布莱克威尔出版社,1996.本书阐述了20世纪70、80年代分裂盎格鲁-美国政治理论的讨论,这一理论预示着关于国际或全球伦理讨论的方式已经用世界主义对应社群主义这些术语构想出来。

17.奥肯.S.M.《性别不平等和文化差异》,参见《全球伦理:开创性论文》,伯格和霍顿（编著）,圣保罗: 帕拉冈出版社,2008: 233-257.这篇文章最初发表在《政治理论》22（1）（1994）,5-24.该文是女性主义对多元文化观所做的批评。

18.帕雷克.B.《再思多元文化观:文化多样性和政治理论》,贝辛斯托克:麦克米兰出版公司,2000.本书赞同多元文化观,是巴里批评的一个目标。

19.帕雷克.B.《全球伦理原则》,参见《全球伦理与公民社会》,J.伊德和D.奥伯恩（编著）,艾迪索特:阿什盖特出版社,2005.作者赞同基于差异和对话的全球伦理。

20.皮里克.R.《与国外使用童工做斗争:概念性问题与实际解决方案》,参见《全球发展的伦理维度》,V.格里克（编著）,兰纳姆:罗曼和利特尔菲尔德出版集团公司,2007.作者认为,关于童工的讨论,在道德上比从前期望的还要更不清晰。

21.伯格.T.（编著）《全球正义》,牛津:布莱克威尔出版社,2001.本书包括了契约论和道义论对全球分配公平的主要论述,再次阐明了伦理理论的"专门知识"路径。

22.伯格.T.和霍顿.K.（编著）《全球伦理:开创性论文》（第二辑）,圣保罗:帕拉冈出版社,2008.

23.伯格.T.和莫勒恩道夫.D.（编著）《全球正义:开创性论文》（第一辑）,圣保罗:帕拉冈出版社,2008.本辑和上面的第二辑汇集了全球伦理领域颇有影响的论文。我在参阅这两辑的论文时,把正在讨论文章的原始出版信息也包含在内。

24.沃尔泽.M.《厚与薄：国内外道德观》,诺特丹：诺特丹大学出版社,1994. 沃尔泽力图揭示语境伦理立场对于超越文化和政治界线的道德参与的意义。

术语汇编

行为功利主义（actutilitarianism）是最初的功利主义理论，要求所有行为都应该在个体幸福最大化的基础上证明是正当的(参见第二章的讨论)。

人类中心说(anthropocentrism)，从字面上讲，该词的意思是以人类为中心。本书中探讨的大部分伦理理论都是人类中心说，但在环境和生态伦理中，也有一些伦理路径反对人类中心说(参见第四章的讨论)。

自主性(autonomy)，从字面上讲，该词指的是为自己立法的能力。在更普遍的意义上讲，它指的是个体自由的伦理价值，这一点对契约论和道义论道德理论特别重要(参见第二章)。

绝对命令(categoricalimperative)是康德的真正道德原则术语。必须绝对的意思是说完全有义务，以命令或要求的形式出现，主要是因为人类固有的弱点意味着我们跟天使不一样。我们不一定总是想要做正确的事情(参见第二章关于康德的讨论)。

社群主义(communitarianism)指的是在道德方面优先考虑社会而非个人的伦理政治理论。在当代全球伦理讨论中，这一理论包含受到契约论和美德伦理思想影响的那些道德立场。该词经常与世界主义形成对照(参见第一章的讨论)。

后果主义(conequentialism)指的是在道德方面优先考虑后果(结果)而非道德原则(道义论)或程序(话语伦理)的理论。本书所探讨的主要后果主义理论是第二章讨论的功利主义。

语境学说(contexturalism)是指道德价值观、道德原则和道德判断只有在语境之内才有意义。道德语境主义者包括美德伦理的社群主义版本、女性主义立场和后现代主义立场。参见第三章及第五章中沃尔泽的分配公平观作为语境道德思考的例子。

契约论(contractualism)是基于共识之上的伦理理论,其依据是,认为人类天生是自由的,拥有理性,因此拥有某些自然权利。它通常使用人与人之间的假想契约这一手段。现代最著名的伦理契约论倡导者是第二、五章讨论的罗尔斯。

世界主义(cosmopolitanism),从字面上讲,该词的意思是相信世界公民观。在当代全球伦理讨论中,它指的是那些最具道德普遍性、把个人而非社会作为道德价值的主要来源和场所的伦理道德观。世界主义通常与社群主义构成对照(参见第一章的讨论)。

道义论(deontology)指的是道德法则绝对控制且毫无例外的观念。参见第二章讨论的康德道义论及哈贝马斯的话语伦理作为道义论道德思考的例子。

依附理论(dependencytheory)是关于全球经济关系的理论。这一理论的出现主要是对20世纪60、70年代的现代主义理论进行批评反驳(参见第四章的讨论)。

发展（development）是全球伦理中最具争议的词语之一。该词有时候主要用来指经济的发展。工业化国家被视为"发达国家"，与农业经济的"欠发达"形成对照。在更近的一段时期，其含义已经拓展到涵盖一系列的非经济产品，譬如在森和努斯鲍姆等思想家首倡的人类能力方法中，"发展"一词就是这种用法（参见第四章的讨论）。

对话式（dialogical）是话语伦理杜撰出来的一个术语，用以指确立伦理观主体间的交流过程。与该词相对的是独白式推理模式（参见第二章关于哈贝马斯的讨论）。

差异原则（differenceprinciple）是罗尔斯分配公平原则的一个术语，他认为处于原初状态的人会向自由主义政治社会推荐这一原则。根据这一原则，必须对社会中的任何经济不平等加强管理，用以改善境况最糟的市民的地位。换言之，跟直接的平等主义分配相比，这些人必须处于比它更好的境况（参见第二、五章）。

话语伦理（discourseethics）认为，道德的预设存在于与他人的成功的、非强制性交流的预设之中。本书中讨论的话语伦理理论家有（第二章讨论的）哈贝马斯、（第五章讨论的）福斯特和（第五、八章讨论的）本哈比。

分配公平（distributivejustice）关涉到物质财富及其他物品不同分配方案的道德正确性或错误性（参见第四、五章的讨论）。

国内类比（domesticanalogy）是把国家类同于个体道德参与者，二者具有同样的能力、责任和价值。沃尔泽在他的正义战争理论中依据了国内类比这一概念（参见第六章的讨论）。

双重效果（doubleeffect）指的是非计划中的有害后果并不消极地有损于这一行为的道德价值。该词最常见于战争及"间接性破坏"的语境中，也就是说，对军事目标的攻击产生的副作用给平民或基础设施造成的破坏。双重效果观认为，强调动机或程序比后果更重要的道德路径言之有理。

本质论（essentialism）认为事物具有本质，譬如说，人之所以为人的某些品质，或者说女人之所以为女人的某些品质。后现代主义伦理理论反对理性主义道德理论以及女性主义关怀伦理，其依据是，前者是人性本质论观，后者是假定所有女性拥有一种共同的本质（参见第三章）。

幸福计算（felicificcalculus）是杜撰出来的一个词语，用来指功利主义者必要的成本–收益分析，从而能够知晓做正确之事（参见第二章）。

女性主义（feminism）指的是消除根植于权力关系之中的不平等政治运动以及从女性主义视角出发进行伦理理论的学术研究形式。最为著名的女性主义伦理理论是女性主义关怀伦理（比如鲁迪克和罗滨逊），但女性主义伦理还包括下面的思想家：奥肯把契约论和道义论的元素融入到自己的思想之中；努斯鲍姆也把美德和道义论的元素融入到自己的思想之中；巴特勒采取的是女性主义后现代主义的立场（参见第三、五、六章的讨论）。

女性主义关怀伦理（feministcareethics）受到卡罗尔·吉利根著述的影响，是最具影响的女性主义道德理论派别（本书探讨的例子包括鲁迪克和罗滨逊的著述）。关怀伦理把道德判断和行为视为基于根深蒂固的关怀和责任，而非抽象的普遍规则(参见第三、四、六章的讨论)。

形式主义(formalism)这一伦理理论基于道德原则的形式(譬如普遍绝对的约束力规则)对于其道德权威和意义极为重要这一观念。在此意义上,康德和哈贝马斯的理论都是形式主义理论,概因如此,他们都强调在进行道德判断时程序而非语境或后果的伦理重要性(参见第二、三章的讨论)。

基础主义(foundationalism)是认为道德观已经确立了一种权威基础或根基的理论。基础的问题是把理性主义道德理论与其他道德理论区分开来的一个问题(参见第二、三章的讨论)。

全球/全球化(global/globalization)指的是世界人口在整体上日益增加的共性和相互依赖性。作为一个过程,当前在不同领域,如经济、政治、技术、媒体、通信、文化领域,全球化可能或多或少高级一些。社会学家、经济学家和政治学家对全球化过程的程度、深度及新颖性方面看法不一。这些讨论在第一章略有概述。

全球地方化(gloal/glocalization)是由"global"(全球的)和"local"(地方的)两个词语拼凑而来的。该词指的是在地方的层面对全球化过程进行体验和革新的方式(参见第一、八章)。

人的能力(humancapabilities)这一概念源自对发展的经济主义理论进行的批判(参见第四章的讨论)。森和努斯鲍姆这些思想家依据人的能力的思想,对经济主义和原始功利主义的援助和全球分配公平的思考路径进行了批判(参见第四、五章)。人的能力理论的前提是人类繁荣的理想。人类繁荣的概念要归功于美德伦理,努斯鲍姆把它作为女性主义全球正义理论的基础(参见第五章关于努斯鲍姆的讨论)。

人权(humanrights)是所有人之所以为人的不可剥夺的固有权利,它是对契约论传统中早期自然权利观的继承(参见第二章)。第二次世界大战后,国际人权的观念依据《普遍人权宣言》(1948)而得以制度化。关于各种不同的人权宣言,参见第一章的参考文献;关于把全球正义观建立在不可剥夺的人权之上的理论家,参见第四、五章关于苏和伯格的讨论。

人道主义(humanitarianism)一词用来指国际社会对紧急情况的所有不同类型的回应, 从经济援助到军事干预不等(参见第四、六章)。

不可通约性(incommensurability)指的是两种观点相互排斥时,它们就是不可通约的。也就是说,它们不可能同时都是正确的(参见第八章的讨论)。

自由主义(liberalism)是基于契约论伦理观基础之上的政治意识形态,或多或少地以自由意志论的形式出现。当代道德理论中的自由主义与罗尔斯契约论的联系最为密切,但它也包含道义论所坚持的人权话语极为重要的思想(参见第五章讨论的伯格和苏或第七章讨论的奥伦德)。

自由意志论(libertarian)是契约自由主义理论的一种形式,强调"负面"权利相对于"正面"权利的道德重要性,譬如说,前者包括财产不被盗窃的权利、行动自由的权利,后者包括获取食物的权利或其他形式的福利(可能包括通过征税拿走他人财产,目的是支付其工资。参见第四、五章关于苏的讨论)。在全球伦理框架内,跟带有更显著道义论元素的形式相比，自由主义的自由意志论形式影响不大。

形而上学（metaphysical/metaphysics），从字面上看，该词指的是超越有形的物质世界的东西。形而上学是传统上探究超越物质宇宙问题的哲学分支，譬如探讨上帝的存在或真理的意义。第二、三章讨论的道德理论都认为不能依赖形而上学观。

现代化理论（modernizationtheory）在20世纪50、60年代特别盛行。这一理论认为，所有的经济都应该而且将会沿着发达工业化经济同样的发展路线，而且经济发展对解决全球贫困和不平等问题特别重要（参见第四章的讨论）。

独白式（monological）是话语伦理理论家杜撰出来的一个词语，用以描述以每个人的推理为前提的哲学理论。它与对话式伦理理论形成对照，后者依赖主体间交流作为实质性道德观的基础（参见第二章关于哈贝马斯的讨论）。

多元文化论（multiculturalism）是鼓励国家内部文化多样性的政策。围绕多样文化论的许多伦理讨论都已经转变成了在全球伦理框架内对全球地方化价值观冲突的伦理回应的探讨（参见第八章的讨论）。

自然权利（naturalnights）是人本身所固有的权利，不讲其所拥有的实际法律权利和政治权利。在20世纪，自然权利的观念对基本人权思想产生了重大启示。

原初状态（originalposition）是罗尔斯在《正义论》中用来描述契约者假定情况的术语。原初状态建立在对契约各方理性和动机的假定以及他们在无知的面纱背后进行选择这一事实之上（参见第二章关于罗尔斯的讨论）。

反战主义(pacifism)指的是在政治和伦理方面对使用暴力实现政治目的进行谴责,它通常基于道义论或女性主义伦理观(参见第六章的讨论)。

特殊性(particularism)是道德和道德判断与具体的语境和做法有关联的观念。在这一意义上,美德伦理的社群主义版本(譬如沃尔泽,参见第五、六章)和女性主义关怀伦理(譬如罗滨逊和鲁迪克;参见第四、六章)在道德上都是特殊主义,因为二者都把道德价值观和原则的意义置于不是所有人都共有的具体社会和体制性做法之中。道德特殊性与道德语境论部分相重叠,而与道德普遍性相对立。

述行悖论(performativecontradition)是哈贝马斯用来描述提出观点时出现自相矛盾情景的术语。最为著名的述行悖论例子是撒谎者的自相矛盾:"我在撒谎。"哈贝马斯认为,声称道德纯粹是主观的那些人就处于述行悖论之中,原因在于,为了提出这种观点并为之辩护,这些人要依赖关于交流预设的某些客观真理(参见第二章对哈贝马斯的讨论)。

实践理性(phronesis)是亚里士多德使用的道德推理术语,这是他用来把其他形式的逻辑推理或归纳形式区别开来的实践推理形式。实践理性是一种通过经验而获得的伦理技能,可以被用来应对新的道德问题和两难处境。美德伦理赋予实践理性在道德理论中的核心地位,但是我们在女性主义关怀伦理中也能看到类似的概念,譬如在鲁迪克的著述中就可见到(参见第三、六章)。

后现代主义(postmodernism)指的是任何对基础主义道德理论产生怀疑的理论视角,它包括各种各样的理论,其中有些依据德里达的著述(后结构主义伦理),有些则更多地受到伦理实用主义的影响(譬如罗蒂;参见第三章的讨论)。

后结构主义(poststructuralism)指的是反对普遍主义和基础主义伦理路径的理论视角。对后结构主义伦理产生重要影响的理论家有列维纳斯和德里达(参见第三章的讨论)。在全球伦理框架内,后结构主义路径有埃德金斯(第四章)和坎贝尔(第六章)的著述。

实用主义(pragmatism)是一种伦理理论传统,它把道德上有价值的东西与在某些社会做法的语境之内发挥作用的东西等同起来,而不与一套实质性的原则和价值观等同起来。实用主义道德视角与美德理论和后现代主义理论有诸多共同之处。第三、五章中讨论的罗蒂的伦理视角就把实用主义与美德伦理和后现代主义伦理的深刻见解结合了起来。

先发制人式战争(pre-emptivewar)指的是对侵犯者实际的或逼近的威胁进行回应而进行的战争。传统正义战争理论容许先发制人式战争的开战理由正当性(参见第六章的讨论)。

预防性战争(preventivewar)指的是为了阻止并非迫在眉睫的另一方的潜在威胁而进行的战争,传统正义战争理论认为,预防性战争在道德上不合乎道理。对于入侵阿富汗(2001)和伊拉克(2003)道德性的许多讨论都是围绕是否需要重新对正义战争理论进行讨论,从而禁止预防性战争的发生(参见第六章)。

程序主义(procedursalism)指的是参照程序(第二章的哈贝马斯,第五章的福斯特)而非实质性价值观(第五章的努斯鲍姆)、语境(第五章的沃尔泽)、后果(第五章的辛格)来证明行为的道德判断是合乎道理的理论。

理性主义(rationalism)一词在哲学中具有各种含义。在本书中,理性主义被用来指那些赋予理性在道德基础方面重要作用的伦理理论(参见第二章)。

恢复正义(restorativejustice)是过渡正义的一种路径,它在道德上优先考虑满足受害者的需求而非对为害者进行惩罚(参见第七章的讨论)。

惩罚正义(retributivejustice)是过渡正义的一种路径,它优先考虑对个体和集体为害者进行惩罚(参见第七章的讨论)。

规则功利主义(ruleutilitarianism)指的是证明遵从那些促进了最大多数人的最大幸福的道德规则或原则(譬如"偷窃是错的",或者"撒谎是错的")才是正当的道德理论。它与行为功利主义构成了对照,后者要求以是否把最大多数人的最大幸福最大化来证明每位个体的行为是否正当。

社会契约(socialcontract)指的是处于自然状态的个体所同意的协约,其目的是确立社会体制、规范和法则(参见第二章对契约论的讨论)。

主权(sovereignty)指的是国家对于自己的国民和地区进行控制的原则。当代紧急援助和武装冲突伦理的一个关键问题就是国家主权的伦理基础问题(参见第四、六章)。

自然状态(stateofnature)指的是人脱离任何社会体制、规范和法则,在自然条件下的处境。这是社会契约的语境。最著名的自然状态的例子出现在霍布斯的政治理论中(参见第二章的讨论)。当代道德理论家(譬如罗尔斯)用自然状态的概念取代了假想的原初状态。

职责以外的行为(supererogation)指的是超越职责的伦理行为。在道义论伦理理论中,有义务的行为与职责以外的行为有着特别明显的区分(参见第二章关于康德的讨论,第四章中正义与人性的区分,第五章伯格的经济人权制度主义观)。

最紧急情况(supreme emergency)被沃尔泽用来描述国家的存在处于生死攸关的紧要关头的情形(参见第六章的讨论)。

可持续发展(sustainable development)指的是考虑到地球资源的有限性以及吸收工业化和大众消费的能力的有限性的经济与人类发展(参见第四章的讨论)。

过渡正义(transitional justice)指的是在冲突过后应对武装冲突之前及其间所犯下的道德罪行的方式。过渡正义的一些理论强调惩罚正义,而有些理论则强调恢复正义。给予过渡正义的机制有刑事审判、真相与调停委员会及赔偿,这些内容在第七章都进行了探讨。

普遍主义(universalism)指的是普遍的伦理理论,它适用于所有的道德中介,基于关于人的所谓普遍真理基础,而不考虑语境、社会或文化。第二章探讨了伦理普遍主义的例子(功利主义、契约论、道义论、话语伦理)。第三章探讨的一些美德伦理版本在其基础和含义方面也是普遍主义的,譬如,参见努斯鲍姆的人的能力理论(第四章)。道德普遍主义通常与道德语境论和道德特殊性形成对照。

　　普遍化测试（universalizationtest）指的是康德的道德理论及其下面的观点：只有能够进行普遍化（换言之，能够转化成所有理性存在的绝对命令）的原则才是真正的道德原则（参见第二章关于康德的讨论）。

　　功利主义（utilitarianism）是最为著名的后果主义伦理理论。它所依据的原则是：道德的行为就是行为的目的，是把作为一个整体的每个人的幸福最大化，这一点在第二章进行了讨论。

　　无知的面纱（veilofignorance）被罗尔斯用来描述处于原初状态的契约者可以得到的信息的限度。这些人对于自己身为何人以及在自己所构建的社会中占据什么位置这些具体情况都一无所知（参见第二章关于罗尔斯的讨论）。

　　美德伦理（virtueethics）是优先考虑性格品质（像诚实、慎重、勇气、善良这样的美德）以及实践推理（实践理性）的道德理论，而非优先考虑（正如道义论那样）道德规则或（正如功利主义那样）后果。参见第三章的讨论。当代有些美德伦理版本强调地方语境及做法对于美德意义的重要性（譬如，第五、六章讨论的沃尔泽），有些则把这一思想与适用于所有人的更为宽泛的人类繁荣概念关联起来（譬如，第四、五章讨论的努斯鲍姆）。

译后记

在北京最为炎热的夏季,终于完成了《全球伦理》一书的翻译和修改工作。掩卷长思,不得不叹服作者深邃的思想以及把这种思想传递给读者的那种娓娓道来的述说手法及娴熟自如的表达能力。《全球伦理》一书语言优美,结构严谨,既有学术性,又具可读性,其目标读者群不仅仅是那些研究伦理学的众多莘莘学子,更多的恐怕是那些对道德、伦理及当今全球化感兴趣的芸芸众生。作者的学术研究背景及教学经历,无疑为本书赋予了浓郁的学术气息;书中详尽的探讨及深刻的追索,无疑在炎炎夏日为读者带来了丝丝凉意。

正如作者所言,"在本书中,除了讨论那些特别强调伦理和道德区别的理论家的著述之外,这两个词语通常可以互换使用"。在现实生活中,又何尝不是如此呢?生活中的诸多事情,不只一次地考验着当今社会与身处其中的人们的伦理与道德。对良知的考问以及对责任的追问,成为当代人心中永远的不安与愧疚。

在物质富足的当代社会,精神的富有更成为有良知之人的永恒追求。如何在无限的宇宙中使自己有限的生命发挥到极致,《全球伦理》作为涉入这一独特领域的入门书籍,为我们提供了各种不同的思考视角。本书的价值在于把"伦理"与

259

"全球"关联起来,这为我们当代人反思自己的精神生活、诠释生活的意义提供了最佳的工具。

作者在开篇一章就提出,阅读本书的读者需要关注的重要一点是,"要想理解构成《全球伦理》主题的那些复杂思想和问题,着实需要花些时间进行思考和反思"。在阅读本书的过程中,读者还需要关注自己的思考方式和视角。本书提供的是原汁原味的西方学者对诸多伦理问题的思索,譬如作者在第六章对战争伦理的探讨,由于战争本身的复杂性,也由于东西方人迥然相异的思维方式和诠释视角,还由于本书涉及的战争地域(如欧洲的科索沃、波黑,亚洲的阿富汗、伊拉克,非洲的卢旺达)范围之广,以及对战争与和平的公义性等问题尚存在着分歧,因此,书中的某些观念自然会受到地域和文化的差异而在理解上有所不同,某些方面的探讨在我们看来也不一定是那么到位和全面。然而,这绝对不失其卓越的理论价值和实践意义,因为这个社会需要的是更多的理解、宽容、接纳和多样性,人们才能和平、和谐地生存和发展。读者在审视作者传递的这些思想时,需要站在公正、公允的立场,有着自己独立的思考和判断,能够批判性地"换位思考"而不丧失自己的原则。在这一层面,读者本身的思考方式就透显出意义,这也是译著本书的一个重要目的。这是因为,无论采取怎样的视角,归根结底,人们最终期待的是体面地生活在一个充满公义、公平、公道和公益的美好社会。

理论的抽象和系统绝对压抑不住生活的具象和丰富。对这些伟大思想的思考,无异于一次精神的滋润和洗礼,涤荡着生活的污垢和心灵的垃圾。本书所体现的理念让我们更坚定地认识到,建构社会整体的信用体系,需要调整个体道德心理结构,以积极的心态认同和接纳陌生人,以刚性的法律和制度约束陌生人之间的关系。

　　本书探讨了许多伦理难题以及解答这些难题的一系列复杂而又迷人的方法。在本书的翻译过程中,为了增强可读性,译者尽可能使中文译文通俗化,并适当增添了注释以助于读者的理解。同时,为了给有兴趣的读者提供学习资源,译本提供了所有深入阅读书目的详细信息,以便读者查找对照。阅读本书,需要的是阅历、顿悟、学识与兴趣。在本书即将与广大读者见面之际,作为译者,我想说的一句话就是,"对读者而言,阅读本书只是一个开端"。那就让我们以本书为契机,理性地深思我们的生活并伦理地生活在这个亟需伦理的时代吧!

杨彩霞

2012年仲夏于时雨园

（京）新登字083号

图书在版编目（CIP）数据

全球伦理/［英］哈钦斯著；杨彩霞译. —北京：中国青年出版社，2013.1
（国际热点）
书名原文：Global Ethics
ISBN 978-7-5153-1364-1

Ⅰ.①全... Ⅱ.①哈...②杨... Ⅲ.①伦理学—世界
Ⅳ.①B82
中国版本图书馆CIP数据核字（2012）第294869号

北京市版权局著作权合同登记 图字：01-2012-2985号

出版发行：中国青年出版社
社　　址：北京东四十二条21号
邮政编码：100708
网　　址：www.cyp.com.cn
编辑电话：(010)57350510
责任编辑：李杨
营　　销：北京中青人出版物发行有限公司
电　　话：(010)57350517　57350522　57350524
印　　刷：北京嘉业印刷厂
经　　销：新华书店

开　　本：880×1280　1/32
印　　张：8.5
插　　页：2
字　　数：177千字
版　　次：2013年1月北京第1版第1次印刷
定　　价：28.00元

本图书如有印装质量问题，请与出版部联系调换联系电话：(010)57350526